KB197842

국가가 조절하는
범죄의
적당한 양

국가가 조절하는
범죄의 적당한 양

초판 1쇄 펴낸날 | 2024년 12월 20일

지은이 | 닐스 크리스티
옮긴이 | 최정학
펴낸이 | 고성환
펴낸곳 | (사)한국방송통신대학교출판문화원
　　　　(03088) 서울특별시 종로구 이화장길 54
　　　　전화 1644-1232
　　　　팩스 02-741-4570
　　　　홈페이지 press.knou.ac.kr
　　　　출판등록 1982. 6. 7. 제1-491호

출판위원장 | 박지호
편집 | 이두희 · 김경민
본문 디자인 | 티디디자인
표지 디자인 | 오하라

ISBN 978-89-20-05220-0 93360

값 21,000원

국가가 조절하는
범죄의
적당한 양

A Suitable Amount of Crime

닐스 크리스티 지음 | 최정학 옮김

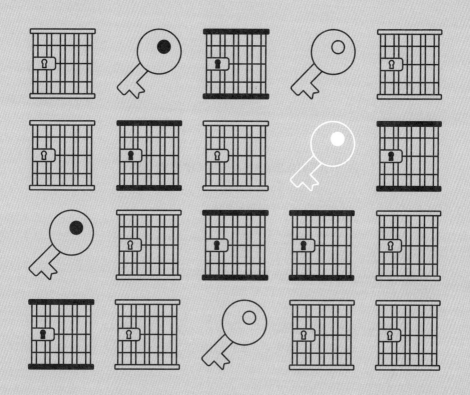

에피스테메
EPISTEME

일러두기

- 이 책은 닐스 크리스티Nils Christie가 2004년 Routledge에서 펴낸, *A Suitable Amount of Crime*의 한국어 번역판입니다.
- 책의 후반부에 실린 주석은 지은이의 주이며, 본문에 등장하는 각주는 모두 옮긴이가 직접 추가하였습니다.
- 원서의 이탤릭체는 한국어판에서는 고딕체로 옮겼으며, 본문에 실린 괄호는 독자의 이해를 돕기 위해 옮긴이가 넣은 것입니다.

차례

머리말

많은 작가들은 대부분의 시간을 같은 주제를 다루는 데 보낸다. 나에게는 범죄의 의미가 그런 주제였다. 범죄는 어떤 종류의 현상phenomenon인가? 한탄스러운 행위는 있지만, 과연 범죄가 있기는 한 것인가? 이런 말을 할 때 우리가 뜻하는 것은 무엇인가, 그리고 어떤 조건에서 우리는 그렇게 말하는가?

이것이 나의 첫 번째 연구 주제—수용소concentration camp 경비원에 대한 연구—였다.[1] 경비원들은 자기 자신들의 행위를 어떻게 인식했을까? 그들 가운데 나중에 수용소 내에서 자행된 가혹행위와 살인으로 처벌받은 사람들은 그 당시에 자신들의 행위를 어떻게 생각했을까? 범죄라고 생각했을까? 그렇지 않았다. 그리고 나는 그들이 왜 그렇게 보았는지를 묘사하려 했다. 그다음에는 공공장소에서 반복해서 많은 술을 마셨다는 이유로 수년의 강제노동형에 처해진 사람들을 연구했다.[2] 이 술꾼들을 없애버리자는 강한 바람wish이 있었지만, 이러한 불쾌감은 구금imprisonment에 충분한 것은 아니었다. 그러나 그들의 행위를 범죄로 보았을 때 할 수 없었던 것들이, 그들의 행위를 병의 징후로 보고 강제노동이 이에 대한 건강한 조치라고 여겨졌을 때에는 가능하게 되었다. 비슷한 현상이 마약 분야에서도 발생했다.[3] 이제 질문은 다음과 같은 것이 되었다. 즉 '어떤 물질은 언제 마약이 되는가? 그리고 어떤 마약의 판매는 범죄로, 다른 경우에는 상공회의소Chamber of Commerce의 회원 자격 요건으로 만드는 것은 무엇인가?'

그리고 이것은 이 문제의 다른 한편, 즉 '개념은 (다른) 결과를 만든다'는 생각으로 이어진다. 여러 해 동안 나는 현대의 산업화된 나라들에서 교도소의 발전을 추적해 왔다.[4] 나라마다 또 한나라 안에서도 시간에 따라 큰 차이가 있다. 이를 어떻게 이해해야 하는가? 교도소 인구의 크기는 종종 그 나라의 범죄 상황을 반영하는 것으로 간주된다. 하지만 범죄를 정의define하는 것이 매우 어렵다면, 수용자 수의 차이를 어떻게 설명해야 하는가? 아마도 이 문제는 설명의 형태로 바뀔 수 있을 것이다. 범죄라는 것이 안정된 단일체entity로 존재하지 않기 때문에 범죄 개념은 모든 종류의 통제 목적에 잘 들어맞는다. 마치 스펀지처럼 말이다. (범죄) 개념은, 외부 조건에 따라 이것이 유용할 때에는, 많은 행위—그리고 사람들—를 흡수할 수 있다. 그러나 또한 이것은, 손에 스펀지를 들고 있는 사람들에게 필요할 때마다, 그 내용을 줄일 수도 있다. 이러한 이해는 새로운 질문을 낳는다. 과연 어느 정도가 충분한 것인지 논의가 필요한 것이다. 이것은 범죄의 적당한 양이라는 논의로 이어진다.

범죄는 아주 많다. 그리고 그뿐이다. 범죄란 자유롭게 쓸 수 있는 개념인 것이다. 필요한 것은 다양한 제도 내에서 그것의 쓰임을 이해하는 것이고, 이를 통해 그 사용과 사용자들을 평가할 수 있어야 한다는 것이다.

———

이 책에 쓰인 내용 가운데 일부는, 특히 동유럽과 서유럽, 그리고 남북아메리카에서 했던 강의나 세미나에서 다룬 것들이다. 나는 이 만남들에서 매우 친절한 대접과 자극적인 지적을 받았다. 강의는, 잘된 경우에, 양방향으로 이루어진다. 청중들로부터 많은 것을 배웠다. 여기에서 이 오랜 과정에 참여한 모든 사람들에게 감사를 표할 수는 없지만, 그 가운데 어떤 분들은 이

페이지에 자신들이 있다는 것을 알아주기를 바란다.[5] 하지만 세 분에 대해서는 예외이다. 세 사람은 나 자신, 그리고 이 책에 대해서도 너무나 중요해서, 깊은 감사의 마음을 표현하고 싶다. 나의 핀란드 친구인 케틸 브룬Kettil Bruun은, 심지어 고인이 된 후에도, 내게 도덕적인 모범moral source이 되어 왔다. 내 가장 오랜 친구 중 한 명인 스탄 코헨Stan Cohen은 수많은 영감inspiration의 원천이었다. 그리고 헤다Hedda에게는 모든 것에 대해 감사한다.

옮긴이의 글

널스 크리스티는 세계적으로 널리 알려진 범죄학자이다. 하지만 영미권의 범죄학이나 형벌학은 우리나라 법학에서 별로 잘 알지 못하는 분야이다. 이런 탓으로 그의 이름을 낯설게 여기는 (법)학자들도 있을 것이다. 그러나 당연히 이것이 그의 학문적 업적을 과소평가하는 이유가 될 수는 없다.

개인적으로 널스 크리스티를 좋아하는 이유는, 저자가 직접 〈머리말〉에서 밝히고 있듯이, 그가 주로 범죄의 상대성과 형벌의 정당성을 문제 삼아 왔기 때문이다. 국가는 무엇을 근거로 국민에게 형벌을 부과하는가? 이것은 언제나 정당한가? 국가권력에 저항하는 행위를 범죄로 볼 수 있을까? 이것은 오히려 정의로운 행위는 아닌가?

닐스 크리스티가 제2차 세계 대전 이후 노르웨이에서 성장하면서 가졌던 의문을, 어린 시절 군사독재정권을 겪었던 나도 가지고 있었던 것 같다. 나뿐만이 아닐 것이다. 형사법과 범죄학을 공부하기 시작한 20대 중반 무렵, 이런 이야기를 했던 대학원생 친구들을 나는 여럿 기억한다.

그러나 1990년대 중반 이후, 이른바 한국이 '민주화'가 되면서 이런 질문들은 잊혀져 갔다. 이제 권력은 악이 아니라 국민에 의해 선출된 정당한 세력이었으며, 이들이 범죄통제를 하는 것은 너무나 당연한 일이 되었다. 하지만 정말 그럴까?

크리스티가 말하듯이 어떤 사회에 다른 큰 문제가 없어질 때 비로소 내부의 범죄가 사회 문제의 하나로 대두된다. 내가 보기에 이제 한국 사회도 서서히 그런 단계에 들어서고 있는 것 같다. 성범죄, 묻지 마 살인, 마약과의 전쟁 등이 이슈가 되고 정치인들이 범죄와 형벌 문제에 대해 구체적인 주장을 하고 정책에 개입하는 모습이 심심치 않게 등장한다.

하지만 이에 비해 우리나라에서 범죄학과 형벌학의 발전은 여전히 많이 더디다. 나는 그 첫 번째 이유로 우리 사회의 범죄 문제는 아직도 심각한 정도는 아니기 때문이라고 생각한다. 법질서의 힘과 공동체의 가치는, 예전과는 물론 다르지만, 서구에 비해 높은 수준으로 유지되고 있다. 그러나 앞에서 예로 들었

듯, 점차 개인주의적인 문화 그리고 그에 따른 일탈 현상들이 사회 문제가 될 가능성이 높다. 우리는 여기에 어떻게 대처해야 할까? 엄격한 형벌, 아니면 사회적 관용과 복지? 바로 여기에서 신자유주의를 기초로 한 엄벌주의를 시행했던 미국과 영국, 그리고 복지체제에서 최근에는 이들을 좇아가는 유럽 국가들의 경험이 중요한 참고가 될 것이다. 크리스티는 우리에게 이에 대한 이야기를 조용히 들려준다.

이 책은 학자들을 위한 이론서라기보다는 대중들을 위한 교양서이다. 어려운 형벌 이론은 전혀 찾아볼 수 없다. 하지만 자신의 개인적인 경험을 예로 들어가면서 잔잔하게 서술해 가는 크리스티의 글은 서양 국가에서의 범죄와 형벌, 또 우리나라를 포함해서 그들을 따라가는 전 세계 모든 나라에서 이 문제에 관심이 있는 사람들에게 흥미로운 질문과 대답을 아주 쉬운 내용으로 전달해 줄 수 있으리라 생각한다.

꼼꼼한 편집작업에 수고를 아끼지 않은 출판문화원 이두희 선생님에게 감사를 표한다. 또 보잘것없는 번역서이지만, 무뚝뚝한 남편을 20년째 참아 주고 있는 내 아내와 올 가을 성년이 된 나의 딸에게 이 책을 바친다.

2024년 12월
최정학

범죄는 존재하지 않는다[1]

1.1 행위들

노르웨이에는 450만 명의 사람들이 살고 있다. (현재는 약 550만 명이다.) 1955년에 우리는 경찰에 보고된 범죄에 대한 최초의 통계를 만들었다.[2] 그 숫자는 놀라운 것이었다. 3만에 가까운 사건들이 보고되어 있었다. 2002년에 이 숫자는 32만 건이 되었다. 이 범죄들과 관련된 사람들의 수는 8천 명에서 3만 명으로 늘어났고 처벌된 사람들의 수는 5천 명에서 2만 명이 되었으며, 교도소에 수용된 인구는 제2차 세계 대전 이후 그 수가 가장 적을 때와 비교하면 두 배가 되었다.

이러한 사실이 범죄가 증가하였다는 것을 의미하는가? 나는 잘 모르겠다! 더 중요한 것은 앞으로도 나는 그 대답을 알지 못할 것이라는 점이다!

1.2 질식당한 아내

스톡홀름에서 보고된 대로,[3] 한 남자가 자신의 아내에게 마취제를 먹인 다음 목을 졸라 숨지게 했다. 그다음 그는 경찰에 편지를 써서 그가 한 일과 앞으로 할 일을 알렸다. 그는 핀란드로 가는 배에 타서 자신의 몸에 무거운 돌을 묶은 다음 뛰어내릴 작정이었다. 그 편지는 이틀 뒤 경찰에 배달되었다. 편지에서 그가 말한 대로 아파트의 출입문이 열려 있었고 경찰은 그의 아내가 숨겨 있는 것을 발견하였다. 사체는 전통적인 방식에 따라, 즉 깨끗이 씻긴 다음 얼굴에는 리넨 천이 덮여 있었다. 그녀는 86세, 그는 78세였다. 그녀는 치매를 앓고 있었다. 그는 오랫동안 아내를 돌보아 왔는데, 이제 그녀의 죽음이 가까이 다가왔던 것이다. 가족의 주치의는 그들이 매우 사이가 좋았다고 말했다. 경찰은, 그를 찾고 있으며 그가 미리 계획된 살인에 대한 강한 혐의를 받고 있다고 말했다.

누군가에게 이것은 로미오와 줄리엣 같은 이야기일 것이다. 또
다른 사람에게는 단순한 한 살인사건일 수도 있다. 이제 중앙의
권위central authority가 무너질 때 어떤 일이 발생하는가를 살펴봄
으로써 이 두 대조적인 해석들의 뒤에 무엇이 숨어 있는지 알아
보기로 하자.

1.3 중앙 권위의 붕괴

랄프 다렌도르프Ralf Dahrendorf는, 1945년 4월 베를린의 붕괴에
대한 강렬한 묘사로 '법과 질서'를 주제로 하는 그의 햄린Hamlyn
강의를 시작한다.

> 갑자기, 아무런 권위도 남아 있지 않다는 것이 분명해졌다. 아
> 무것도 없었다.•

• Ralf Dahrendorf, "Law and Order", *The Hamlyn Lectures*, London, 1985,
pp. 1~3. 햄린 강의란 영국의 변호사(solicitor)이자 치안판사(JP-Justice of the
Peace)였던 윌리엄 버셀 햄린(William Bussell Hamlyn)을 기리고자 1949년 이
래로 영국(잉글랜드, 스코틀랜드, 웨일스, 북아일랜드)에서 매년 법 관련 주제를
선정해 대중을 상대로 여는 강의 시리즈를 말한다.

가게들은 방치되어 있었다. 다렌도르프는 다음과 같이 기억한다.

그때 내가 얻었던 시집 다섯 권을 나는 아직도 가지고 있다. 얻었다고? 모든 사람이 훔친 물건들로 가득한 가방을 집으로 옮기고 있었다. 훔쳤다? 아마도 가져갔다taken는 표현이 더 정확할 것이다. '훔치다'는 단어조차도 그 의미를 잃어버린 것처럼 보였기 때문이다.

물론 이러한 상태는 오래가지는 않았다.

완전히 법이 없는 상태가 지속되는 가운데 가장 끔찍했던 순간은 사실 두 권력 사이의 휴지기a holding of breath였다. 공포로 가득 찬 혁명의 최정점과도 같이 그 순간은 지나갔다. 어제의 절대적인 합법이 내일의 절대적인 부정의가 되는 동안—마찬가지로 어제의 부정의가 내일의 합법이 되는 동안—짧은 무질서 상태가 있었다. 그것은 며칠에 불과했고, 더 오래가지 않았으며, 몇 주가 지나자 한쪽 편이 사라지고 다시 규범이 다시 세워졌다.

항복한 도시에 대한 나 자신의 기억은 이와는 다르다. 나의 기억은 이보다 정확히 5년 전 오슬로에 대한 것이다. 1940년 4월 9일

국가가 조절하는 **범죄의 적당한 양**

밤새 폭탄이 떨어질지 모른다는 경보가 계속해서 울렸다. 지금도 나는 내가 어떻게 구조되었는지를 생생히 느낄 수 있다. 이제 나의 아버지는 내 호주머니 속에 남아 있던 위험해 보이는 편지 때문에 애태우시지는 않을 것이다. 나는 그 편지에 내가 독일어에 능숙하지 못하다는 내용이 들어 있었을 것이라고 믿는다. 그리고 곧이어 학교가 문을 닫았고 당분간 그럴 것이라는 소식이 들렸다. 학교에서 집으로 돌아오는 길에 나는 예상치 못하게 나의 초보 독일어를 연습할 기회를 가졌다. 차가 멈추고 두 독일 군인이 나에게 어떤 주소를 찾는 것을 도와 달라고 정중하게 요청했다. 마찬가지로 정중하게 나는 그들을 도와주었다.

그로부터 수개월이 지나서야 나는 점령군에게는 결코 대답해서는 안 된다는 것을 알았다. 물론 그들에게 잘못된 방향을 가르쳐 줄 수는 있지만 말이다. 또 오랜 시간이 지나서야 나는 적군에게서 물건을 훔치는 것은 절도가 아니라는 것을 온전히 이해했다. 또 지역에서 가장 촉망받는 젊은 지도자들은 퀴슬링 Quisling 정당*에 가입해 있으며, 따라서 그들에게도 대답을 하거

---

* 퀴슬링이 대표였던 노르웨이의 극우 정당이다. 퀴슬링은 군 장교 출신으로 나치의 부역자였으며 제2차 세계 대전 도중 노르웨이 정부의 수반이었다. 전쟁이 끝난 1945년 10월 그는 횡령과 살인 및 내란 혐의로 사형에 처해졌으며, 퀴슬링(quisling)이라는 단어는 몇몇 나라에서 지금까지도 '부역자' 혹은 '배신자'라는 의미를 갖는다.

제1장 범죄는 존재하지 않는다

나 심지어 인사조차도 하면 안 된다는 것을 깨닫는 데에도 역시 상당한 시간이 필요했다. 나는 이런 것들을 잘 해내지 못한 것 같다. 5년 후, 다렌도르프가 베를린에서 강렬한 경험을 할 무렵, 즉 전쟁이 끝난 날, 내가 본 것은 아마도 그였을 것이다. 한 남자가 숲으로 달려가고 있었다. 그는 이제 범죄인이었다. 반대로 우리, 즉 죄를 짓지 않은 사람들은 마을 광장에 모여 교도소에서 석방된 영웅들을 축하하고 있었다.

나는 다렌도르프의 경험에 대해 편안한 느낌을 갖지 못한다. 그의 묘사는 예외적인 아노미에 관한 것이다. 예전 규범이 유효하지 않은 며칠간의 믿을 수 없는 날들이 지나가면 새로운 규칙이 성립된다. 이것은 예전의 것과 마찬가지로 국가에 의해 이미 만들어진 것이다. 한 권력으로부터 다른 권력으로 옮겨진 것뿐이다. 푸코Foucault가 규율의 전형으로 묘사했던 군대에서처럼* 사람들은 위로부터 행사되는 똑같은 힘에 의해 통제받는 것이다. 엄격하게 운영되는 판옵티콘panopticon,** 바로 그것이다.

나의 어린 시절 경험은—그리고 비슷한 것들은 지금까지도

---

* Michael Foucault, *Discipline and Punish: The Birth of the Prisoh*, Vintage, New York, 1977.
** 판옵티콘(panopticon)은 18세기 영국의 철학자이자 사회이론가인 제러미 벤담 (Jeremy Bentham)이 고안한 통제를 위한 건축 형식에 대한 용어로 '부채꼴 모양의 눈', 즉 최소의 비용으로 감시와 통제의 극대화를 가능하게 하는 시설의 형태를 말한다.

국가가 조절하는 범죄의 적당한 양

계속되어 왔는데— 길고 복잡한 상호작용을 통해 규범이 형성되고 재형성되어 지속되는 인간의 삶에 대한 것이다. 규범은 원래부터 규범인 것이 아니라 그렇게 만들어지는 것이다. 그래서 나는 다렌도르프보다는 한스 마그누스 엔첸스베르거Hans Magnus Enzensberger의 헝가리 사회 묘사*에 더 친숙함을 느낀다. 엔첸스베르거는 애매함이 지배하고 도덕적 문제가 끊임없이 논쟁의 대상이 되며 타협이 생존의 필수적 조건인 사회를 묘사한다. 여기에서 범죄는 피상적인shallow 개념이며, 일반적으로 필요한 어떤 구별이나 이해에 턱없이 못 미치는 불명확한 것이다.

하인츠 슈타인에르트Heinz Steinert는 '갈등'이라는 단어를 그의 출발점으로 삼는다.** 범죄라는 용어는 논의의 시작점으로 유용하지 않다. 반대로 사람들은 갈등 속에 있으며 갈등을 만들어 내고, 우리는 이러한 갈등과 어떻게든 관련되어 있다. 문제는 너무 성급하게 이런 갈등을 범죄로 정의해 버린다는 것이다. 그렇게 함으로써 우리는 가능한 다른 대안을 놓치게 된다. 우리는 범

- Hans Magnus Enzensberger, *Ach Europa!*, Suhrkamp Verlag, Frankfurt am Main, 1985. 노르웨이판은 *Akk Europa! inntrykk fra syv land med en epilog fra år 2006*, Universitetsforlaget, Oslo, 1987.
- • Heinz Steinert, "Beyond Crime and Punishment", *Contemporary Crises*, Vol. 10, pp. 21~38, 1986. 또 *Grenzen des Leids*, AJZ Verlag, Bielefeld, 1986 에 'Abolitionismus: Die harte Wirklichkeit und der Möglichkeitssinn to Nils Christie'라는 제목으로 그가 쓴 서문을 보라.

죄의 개념으로부터 한 발짝 더 나아가 다음과 같이 말할 수도 있는 것이다. 즉 우리의 기본적 출발점은 행위들acts이어야만 한다. 그다음 단계는 어떤 종류의 행위를 나쁘다고 할 수 있는가를 조사하는 것이다. 다음으로 이렇게 나쁜 것으로 인식된 행위들을 당황스러움, 불쾌함, 역겨움, 죄 등의 범주를 포함한 분류 틀을 통해 분석하고, 마지막으로 이런 많은 대안 가운데 하나로서 범죄가 등장하는 것이다. 이렇게 범죄가 논의의 마지막 개념이 될 때 다음과 같은 분석적 질문을 제기할 수 있게 된다. 즉 어떤 행위가 범죄로 정의되게 하는 사회적 조건은 무엇인가 하는 것이다.

범죄는 존재하지 않는다. 다만 행위만이 존재하며, 이러한 행위들에 다양한 사회적 시각이 종종 다른 의미를 부여한다. 행위들, 그리고 여기에 부여된 의미들은 우리의 자료이다. 우리의 과제는 의미의 세계에서 행위의 운명을 쫓아가는 것이다.[4] 특히 어떤 행위에 범죄라는 의미를 갖게 하는 혹은 그렇지 않게 하는 사회적 조건은 대체 무엇인가?

다렌도르프의 해방의 날들 ― '어떠한 권위도 남아 있지 않은' 날들 ― 은 채 며칠이 되지 않았다. 다렌도르프에게 그것은 '단지 두 권력 사이의 숨 고르기'처럼 느껴졌다. 엔첸스베르거 그리고 그가 언급한 헝가리 사람들에게 해방의 날의 어떤 요소들은 영원히 존재한다. 권력은 존재한다. 그러나 이것은 변화하는 존

국가가 조절하는 **범죄**의 적당한 양

재이다. 규범과 법 또한 존재한다. 하지만 이들에 대해서는 다양한 해석이 가능하다. 그러나 다렌도르프에게는 그렇지 않다. 그에게 규범은 목적적 산물end-product이며 이미 주어진 것이다. 즉 '법의 개념이 의미가 있으려면, 그것은 절대적으로 적용되는 규칙을 뜻해야 한다. 행위들은 법에 반하는 것으로 배제되어 제재를 받거나 그렇지 않거나 둘 중에 하나이다.'• 그는 1945년 베를린에서 다섯 권의 시집을 얻은 이후 너무 먼 길을 와 버렸다.

───────

그러나 이것은 전쟁 상황이다. 누군가는 평상시에 규범은 더 안정적일 것이라고 말할 수 있다. 범죄로 규정된 행위들은 더 확실한 근거를 갖는다는 것이다. 그러나 나에게 이것은 분명해 보이지 않는다. 이제 평상시의 스칸디나비아로 관심을 돌려보자.

1.4 공원의 남자

여기에서 묘사되는 지역⁵은 아파트로 둘러싸인 작은 공원이다. 때는 6월, 북유럽에서 빛과 태양이 강해지고 여름이 무르익어

• Ralf Dahrendorf, op. cit., p. 68.

가는 계절이다. 일요일 오전, '교회 시간'은 한 주 가운데에서도 가장 조용한 때를 나타내는 오래된 용어이다. 공원이 보이는 몇몇 발코니에서는 사람들이 늦은 아침을 먹거나 책을 읽으며 휴식을 취하고 있다.

한 남자가 공원에 도착한다. 그는 맥주병이 든 비닐봉지를 가져와서 앉는다. 한 병, 두 병 그리고 몇 병을 더 마시더니 그는 혼잣말을 하고 그에게로 금방 모여든 아이들에게도 말을 건넨다. 그는 이야기하고 노래한다. 아이들도 즐거워한다.

잠시 후 그 남자는 일어서서 수풀 쪽으로 걸어가면서 그의 바지 지퍼를 내린다. 몇몇 아이가 그와 함께 간다.

여기에서 논의의 진전을 위해 우리에게는 두 동의 아파트가 필요하다. 공원에 접해 있는 두 건물은 같은 계획에 따라 지어졌으므로 겉으로는 매우 비슷해 보인다. 그러나 그 역사는 다르다. 한 동은 전문 건축회사가 현대적인 방식으로 지었다. 거주자들이 이사 왔을 때에는 모든 것이 갖추어져 있는 상태로 현관문에는 열쇠가 꽂혀 있었으며 주차장에서 각 층까지 엘리베이터가 운행되고 있었다. 이를 완벽한 집이라고 부르기로 하자. 다른 건물은 다소 평탄하지 못한 역사를 가지고 있다. 건축가가 파산하여 자금이 남아 있지 않았다. 엘리베이터가 없으며 입구에는 공동 현관문도 없고 시설이 갖추어진 부엌도 없다. 전체적으로

국가가 조절하는 **범죄의 적당한 양**

매우 안 좋은 상황이다. 건축가의 파산 전에 잔금을 치른 거주자들은 어쩔 수 없이 그들 스스로 이러한 상황을 해결해야만 했다. 그들은 함께 문과 천장, 복도를 고치고 흙길을 보수하였다. 건축가를 상대로 소송을 제기하기 위한 대책위원회가 만들어졌다. 이것은 쉽지 않은 일이었고 강요된 연대였다. 이 건물을 소란스러운 집이라고 하자.

이제 다시 공원의 남자에게로 되돌아가 보자.

아이들에게 둘러싸이고 수풀에 반쯤 가리워져 바지 지퍼를 연 채로 있는 이 사람에 대해서는 매우 다른 해석이 가능하다. 소란스러운 집 입장에서는 상황이 분명했다. 수풀에 있는 사람은 피터이며, 안나의 아들이다. 그는 어렸을 때 사고를 당했으며 평상시에 다소 이상하게 행동하지만 매우 친절하다. 그가 너무 취했을 때에는 단지 그의 가족에게 전화해 그를 집에 데리고 가게 하면 된다. **완벽한 집** 입장에서 상황은 이와 다르다. 그를 아는 사람은 아무도 없다. 이상한 사람이 아이들에게 둘러싸여 그의 성기를 노출하고 있다. 발코니의 점잖은 구경꾼은 전화기로 달려가 경찰에 신고한다. 불쾌한 신체 노출 사건이 접수되고 이로 인해 중한 성범죄가 예방된다.

완벽한 집에 사는 좋은 사람들이 그 밖에 무엇을 할 수 있을까? 그들의 건축가는 파산하지 않았고, 따라서 그들은 이웃과 억지로 협력할 필요가 없었다. 그들은 서로에게 연장을 빌리거나 이웃 사람들이 흙길을 포장하는 작업을 하는 동안 그들의 아이들을 돌보아 줄 일도 없었고 파산 상태에서 어떻게 하면 손해를 더 보지 않을 수 있을지를 논의하기 위해 끝도 없는 회의를 할 필요도 없었다. 그들은 서로를 알 필요도, 협력체계를 만들어 정보를 공유할 필요도 없었다. 그리하여 피터와 안나에 대한 이야기를 완벽한 집과는 달리 그들의 집에서는 알 수 없었던 것이다. 다른 양심적인 시민들과 마찬가지로 그들에게는 오직 한 가지 방법, 즉 경찰에 신고하는 것 이외에는 대안이 없었다. 피터는 잠재적인 범죄인이 되었는데, 이것은 **완벽한 집**이 파산하지 않았기 때문이었다. 반대로 **소란스러운 집**이었다면 그는 엄마에게 돌아가도록 도움을 받을 수 있었을 것이다. 혹은 좀 더 일반적으로 표현하면 다음과 같이 된다. 사회체계 내부의 제한된 양의 지식은 어떤 행위에 범죄라는 의미를 부여할 가능성을 높인다.

이것은 무엇이 범죄이고 범죄인은 누구인가 하는 인식에 영향을 미친다. 더 많은 내적인 의사소통이 있는 사회체계에서는 주위 사람에 대한 더 많은 정보를 알 수 있을 것이다. 서로 모르는 사람들 사이에서는 통제를 위한 공식적 기제만이 유일한 선택지가 된다. 그러나 그러한 공식적 기제는 그 자체가 범죄를 만들어내기 위한 것이다. 형벌 제도는 마치 미다스왕과 비슷한 상황에

국가가 조절하는 **범죄의 적당한 양**

놓여 있다. 잘 알려져 있듯이 그가 만지는 모든 것은 금으로 변했고, 그는 결국 굶어 죽게 되었다. 경찰이 대응하는 대부분의 행위와 행위자 그리고 교도소가 관여하는 모든 행위와 행위자들은 범죄와 범죄인이 되며, 이러한 행위와 행위자들에 대한 대안적 해석의 여지는 사라져 버린다. 이러한 유형의 사회에서는 어떤 사람의 살아남기 위한 절실한 행위도 법적으로 허용된 영역을 벗어났다고 평가될 가능성이 있다. 게다가 넓은 사회관계망으로 인해 공식적 권위에 의해 범죄인으로 규정된 사람을 만날 기회가 더욱 높아진다. 그러므로 이제 나의 일반적 주장으로 다시 되돌아갈 수 있다. 즉 행위는 (처음부터) **존재하는** 것이 아니라 (그렇게) **만들어지는** 것이다. 사람도 마찬가지이다. 여러 방향으로 연결된 광범위한 사회관계망은 무엇이 범죄이고 누가 범죄인인가를 적어도 불명확하게 한다.

———————

완벽한 집에 사는 사람들은 현대적인 삶의 양식을 따르고 있다. 그들은 이웃과 교류하지 않고 산다. 이것은 그들이 지역 문제에 관한 정보에 대해서도 알지 못한다는 것을 뜻한다. 이러한 무관심이 그들로 하여금 경찰에 신고하도록 한 것이다. 이 사건은, 이웃들이 서로 너무 모르기 때문에, 형사사건이 된 것이다.

1.5 딸들과 남편들

예나 지금이나 대부분의 아이들은, 법에 따르면 범죄가 될 수 있는 행동을 하곤 한다. 예컨대 허락받지 않고 엄마의 지갑에서 돈을 훔치거나 코피가 나도록 싸우기도 하고 집 안의 물건을 부수기도 한다. 그러나 이러한 행위에 대해서 대부분 우리는 형법을 적용하지는 않는다. 또 이것을 범죄라고 부르지도 않는다. 즉 우리는 아이들을 아동 범죄인이라고 하지는 않는다.

왜 그러는 것인가?

당연히 그렇게 하지 않는 것이 맞다고 느끼기 때문이다.

그런데 왜 그렇게 느끼는 것인가?

그 이유는 우리가 아이들에 대해 아주 많이 알고 있기 때문이다. 우리는 수많은 상황에서 그 아이를 보아 왔다. 그 아이가 평소에는 친절하며 형제들을 잘 돌보아 준다는 것, 그 밖에 그 아이의 기쁨과 슬픔을 우리는 잘 안다. 그 아이의 이마에는 형법에 의한 낙인이 새겨질 공간이 없다.

이러한 사정은 가족의 틀 내에서는 계속될 수 있다. 하지만 때로 어떤 일은 가족 바깥에도 알려질 수 있다. 그리고 현대 사회에는 다양한 의미를 부여하는 사람들이 있다. 여러 전문가들이 있는 것이다. 그들은 자신들의 전문 영역에 따라 어떤 현상에 적절하고 자연스럽게 어울린다고 생각하는 의미 유형을 부여한다. 예컨대 의료체계에서는 어떤 행위를 비정상적인 성격이 형성되고 있음을 보여 주는 지표로 판단할 수 있다. 그래서 이에 대해서는 심리상담을 받게 하기도 한다. 법체계에서는 — 가장 최악의 경우를 생각해 보자면 — 어떤 청소년의 행위가 절도나 폭행으로 판단되어 경찰, 법원이 등장하고 형벌이 부과될 수도 있다. 어떤 행위에 매우 특별한 의미를 부여하고, 또 그 정도가 심한 경우에 법관에 의해 범죄라고 불리는 특별한 유형의 부정적인 행위로 공인받기 전까지는 범죄란 존재하지 않는다. 범죄는, 있어서는 안 될 안타까운deplorable 행위들을 분류하는 많은 방식 가운데 하나, 단지 그중 하나에 지나지 않는 것이다.

위의 아이는 대부분의 사람들에게 쉬운 경우이다. 이것은 친밀한 관계의 이점을 잘 보여 준다. 여기에는 범죄가 들어설 여지가 없다. 아주 극단적인 경우가 아니라면, 아이들은 이러한 상황에 놓여 있다. 그러나 만약 남편이 폭력적이라면 이것은 많은 아내들에게 문제가 된다. 그는 덩치가 크고 힘이 세며, 따라서 위험하다. 그는 어떤 상황에 대한 그의 생각을 올바른 것으로 믿게 하려고 종종 그의 아내를 고립시키려 할 것이다. 그는 스스로 폭력적이라고 생각하지 않는다. 단지 아내를 훈련시키고 있을 뿐이다. 아내는 남편의 경제력에 의지하고 있거나 혹은 서로 사랑했던 때를 떠올리고 있을 수도 있다. 그리하여 그의 생각에 복종하는 것이다. 이때에도 친밀한 관계는 어떤 행위를 범죄로 인식하지 않도록 한다. 여성의 관점에서 볼 때 이것은 반드시 좋은 것만은 아니다. 이 책은 어떤 행위를 범죄로 보아야 하는가 하는 문제도 다룬다. 나는 이것이 토론이 필요한 열린 문제이며, 특히 우리의 일반적인 가치에 반하는 것으로 보일 수 있는 어떤 것이라고 생각한다. 그러나 이러한 생각이 어떤 특수한 상황과 특별한 목적을 위한 올바른 범죄 개념이 있을 수 있다는 점을 부정하는 것은 아니다. 이 점은 특히 당사자들 사이에 힘의 불균형이 있을 때 더욱 그렇다. 이 문제는 6장에서 다시 다룰 것이다.

1.6 옛날 학교와 지금 학교

내가 학교에 다니던 시절에는 끊임없이 사건이 일어나곤 했다. 쉬는 시간 운동장은 아이들로 가득 찼고 한 떼의 무리가 생겨난다. 그 무리는 곧 크게 불어나는데, 그 한가운데에는 화가 잔뜩 난 두 아이가 격렬하게 싸우고 있다. 그러나 싸움은 오래가지 않았다. 지도 선생님이 아이들을 헤치고 와서 두 아이의 귀를 잡고, 아마도 상당한 벌을 주실 것이 분명한 교장 선생님에게로 데리고 갔다. 오늘날 그들은 경찰서로 가거나 아니면 학교에 있는 경찰관에게로 가게 될 것이다. 에스트라다Estrada는 스웨덴 학교 발전의 두 단계를 다음과 같이 묘사하였다.* 예전 스웨덴 교육행정 법무 담당자의 말이다.

> 이미 경찰에 신고된 사건을 다시 보고해야 할 의무는 없다. … 교육 당국은 그런 상황에서 당연히 경찰에 신고하여야 한다고 보지는 않는다. … 가능하다면 학교 내에서 개인적인 차원으로 문제가 해결되는 것이 더 바람직한 것이다. 결국 학교가 학생들에 대해 최종적인 책임을 지는 것이다.

반면 새로운 법무 담당자는 말한다.

> 사건이 벌어지면, 그것은 즉시 보고되어야 한다. 사안이 범죄에 해당하는지 아닌지를 판단할 필요는 없다. 그것은 경찰의 임무이다.

* Felipe Estrada, "Juvenile Violence as a Social Problem", *British Journal of Criminology*, Vol. 41, 2001, especially pp. 650~651.

이러한 시각의 차이로 인해 '청소년 폭력'에 대한 경찰 신고 건수, 특히 경미한 폭력에 대한 신고가 크게 증가하였다. 신고 방법도 경찰서를 직접 찾아가는 것에서 전화나 팩스를 통한 것으로 바뀌었다.

1.7 화가 난 노인

연세가 많이 든 분들은 보통 친절하고 따뜻하며 사려 깊다. 시간이 그들을 성숙하게 만든 것이다. 이제, 죽음에 가까워져, 그들은 모든 것에 감사하고 요양시설에서 자신들을 돌보아 주는 사람들에게도 친절한 마음을 갖는다. 이것이 일반적인 이미지이고, 실제로도 종종 그렇다. 그러나 여기에도 예외는 있다. 말린 오케르스트룀Malin Åkerström은 이러한 예외를 조사하였다. 어떤 노인들은 간호사를 물거나 때리고, 그들의 머리카락을 잡아당기거나 벽으로 밀어붙여 심각한 상해를 입힌다. 다른 상황이었다면 이러한 행위는 틀림없이 폭행으로 간주되었을 것이다. 그러나 요양시설에서는 그렇지 않다.

오케르스트룀에 따르면 요양시설 종사자의 3분의 1이 매주 이러한 행위를 겪는다고 한다. 반면 정신병원에서는 정신병원 종사자의 14% 정도만이 이와 비슷한 사건을 겪는다고 한다. 그럼에도 불구하고 요양시설의 간호사들은 이것을 폭행이라고 부르지 않는다.

그 대신 간호사들은 사건을 극화하지 않는de-dramatizing 경향이 있는 것으로 조사되었다. 간호사들은 발생한 어떤 일에 대해 곧잘 농담을 섞어 얘기하곤 한다. 또 그들은 간호사들 사이의 일반적인 관념, 즉 환자는 글자 그대로 환자로 대해야 한다는 생각을 한다. 게다가 노인들의 물리적 공격은 폭행의 범주에 해당하지도 않는다. 명백히 그들은 정상적인 정신상태가 아니기 때문이다. 또 그들의 행위를 범죄로 보는 것이 문제 해결에 도움이 되는 것도 아니다. 그들은 처벌받을 수도 없는 데다가, 이미 치료를 제공하는 시설에 수용되어 있기 때문이다.

1.8 전쟁으로부터 회복하기

현대 사회에서는 어쩔 수 없이 낯선 사람들과 살아가야 한다. 이것은 부정적인 어떤 행위에 범죄라는 의미를 부여하기에 특히 적합한 상황이다.

의미를 부여하는 데에 친숙하거나 그렇지 않은 것의 중요성은 삶의 모든 영역에서 찾아볼 수 있다. 전쟁 상황에서는 특히 그러한데, 적군의 행위는 범죄로 보고 아군의 행위는 그렇지 않다고

제1장 범죄는 존재하지 않는다

하는 경우가 많기 때문이다. 또 친숙함의 차원은 전쟁 이후에도 중요하다. 1945년에 독일이 패배하고 5년간의 군사 점령이 끝났을 때, 노르웨이 정부는 점령군에 협력했던 사람들에 대해 가혹한 사법절차를 진행하였다. 나치당의 구성원 전부를 범죄자로 규정했을 뿐 아니라 여러 다양한 방식으로 그들을 도운 사람들에 대해서도 마찬가지였다. 사형이 집행되었고 교도소가 부족하여 예전 독일의 수용소 캠프가 부역자들로 채워졌다. 점령 기간 그리고 독일의 항복 직후까지 죽음과 강제 추방의 행렬은 끝이 없었다.

그러나 시간이 지남에 따라 두 가지 경향이 분명해졌다. 첫째, 형벌이 완화되기 시작했다. 그리하여 불가피하게 애초에 선고된 형벌을 수정해야만 했다. 전쟁과 점령은 사건의 배경이 되었고, 이것은 일부 협력자들을 보통의 정상적인 사람으로 보게 하였다. 둘째, 독일과 경제적으로 협력한 사람들에게는 특히 관대한 처분이 내려졌다. 다그 엘링센Dag Ellingsen은 모든 경제적 부역자들이 관대하게 다루어지지는 않았다고 말한다.* 일찍 재판을 받은 사람들은, 다른 부역자들과 마찬가지로, 매우 무거운 형벌을 선고받았다. 그런데 이렇게 초기에 형벌을 선고받은 사

---

* Dag Ellingsen, *krigsprofitørene og rettsoppgjøret*, Gyldendal, Oslo, 1993.

국가가 조절하는 **범죄의 적당한 양**

람들은 대부분 경미하고 간단한 사건에 관련되었으며, 따라서 당시 과부하가 걸렸던 법원에 의해 비교적 쉽게 처리되었던 것이다. 중요한 사건들은 재판을 하는 데 오랜 시간이 걸렸다. 예컨대 노르웨이 북쪽 끝에서 전쟁이 끝나기 전에 남쪽 지방에서 독일군을 위해 공항을 정비하고 5년의 점령 기간 동안 경제적 협력을 계속한 기업가의 경우, 시간의 경과는 일반적으로 매우 관대한 처벌을 의미했다.

게다가 다른 요인들도 있었다. 복잡한 사건에 대해서는 경찰이 계속해서 조사를 해야 했고 피고인 측의 변호사는 자주 바뀌었다. 이러한 변호사들은 일반적인 범죄사건의 변호인이 아니라 민사법의 전문가들이었으며 중상위 계층의 존경받는 법률가들이었다. 또 이런 사건은, 일반 형사사건과는 달리, 피고인의 사회적 지위로 인해 재판 절차에 오랜 시간이 걸렸다. 이런 행위를 범죄로 또 그들을 범죄자로 보는 것은 점점 더 어려워졌다. 절차가 끝나 갈 무렵에는 더 복잡한 문제가 등장하였다. 국가가 재건되어야 했다. 경제적으로 부역했다는 혐의를 받는 상층계급의 인사들은 바로 이 일을 하기에 가장 적합한 사람들이었다. 그들은 점령자와의 협력을 통해 개발한 커다란 농장들을 소유하고 있었는데, 이제 그것은 자산이 되었다. 그들의 예전 행위를 '진짜' 범죄로 보고 그들을 형벌을 받을 만한 범죄자로 간주하는 것

제1장 범죄는 존재하지 않는다

은 더욱 어렵게 되었다.

어떤 한 사람의 운명은 이러한 점을 잘 보여 준다. 이 사안은 경제적 범죄의 경우가 아니었다. 그보다 더 심각하게, 이 사람은 퀴슬링에 의해 만들어진 나치 내각, 즉 최상층부에서 부역 행위를 하였다. 그는 문화부장관Minister of Cultural Affairs을 지냈으며, 하급심에서 사형을 선고받았다. 이 사건은 대법원에 상소되었는데, 이런 경우 대개 피고인은 법정에 출두하지 않는다. 물론 피고인은 재판에 참여할 수 있고, 이 사람은 그렇게 했다. 날마다 그는 법정으로 호송되었는데, 이것은 재판받는 관료들의 전형적인 모습이었다. 낡은 셔츠를 입고 지치고 창백하며 슬픈 표정을 지은 채 공손한 목소리로 대답을 한다. 교육받은 법률가로서, 만약 다른 정치체제에 대한 잘못된 신념이 아니었다면, 그는 재판을 하고 있는 법관 중의 한 명이었을 것이다. 대법원은 그에 대한 형벌을 사형에서 무기징역으로 감형하였다. 그 신분을 드러내기 어려운 재판절차에의 한 참여자는, 피고인의 목숨을 구한 것은 그가 매번 재판정에 출석했기 때문이라고 말한다. 그 당시의 법에 따르면 그의 행위는 의심할 바 없이 범죄에 해당하는 것이었다. 그러나 그는 재판을 한 법관과 가까운 관계에 있어서 사형을 면할 수 있었던 것이다.

국가가 조절하는 **범죄의 적당한 양**

1.9 제한 없는 자연적 자원으로서의 범죄

범죄는 끝없이 공급된다. 범죄로 보일 잠재성을 가진 행위는 마치 무제한으로 공급되는 자연 자원 같다. 우리는 소량의 행위를 범죄라는 형식으로 취할 수도 있고, 많은 행위를 그렇게 볼 수도 있다. 행위 자체가 범죄인 것이 아니라 그렇게 되어지는 것, 즉 행위의 의미가 창조되는 것이다. 대상을 분류하고 평가하는 것은 인간 존재의 본질적인 활동이다. 세계는 우리가 그것을 구성하는 대로 우리에게 다가온다. 따라서 범죄란 문화적·사회적·정신적 과정의 산물이다. 바람직하지 않은 행위를 포함하여 모든 행위에 대해서는 여러 가지 방식의 이해가 가능한 것이다. 예컨대 나쁜, 비정상적인, 사악한, 잘못된 명예욕의, 젊은 혈기의, 정치적 영웅주의의 행위 그리고 범죄 행위가 존재한다. 그러므로 '같은' 행위라도 다양한 사회체제, 즉 법률적·심리적·교육적·신학적 체제에 의해 대응될 수 있는 것이다.

그러나 우선 분명히 할 점은, 내가 받아들일 수 없는 행위, 즉 도저히 인정할 수 없는 행위가 없다고 말하는 것은 아니라는 것이다. 어떤 사람은 다른 사람이 쏜 총에 맞는다는 사실을 나는 부인하지 않는다. 또 어떤 사람은 다른 사람의 차에 치여 숨지기도 하고, 누군가의 서랍이나 은행 계좌에 있던 돈이 몰래 사라지기도 한다. 나 또한 이러한 행위들에 대해 강한 도덕적 반감을 가지고 있으며 이를 막고 예방하기 위해 노력한다. 나아가 이러한 행위들 가운데 일부를 범죄로 보는 것이 유용할 수 있다는 점에 대해서도 동의한다.

단지 나는 의미가 어떻게 만들어지고 형성되는가에 관심이 있을 뿐이다. 그러나 이것이 아무런 도덕적 입장을 가지지 않는다는 뜻은 아니다. 나의 세계는 가치로 가득 차 있으며, 이 가운데 상당 부분은 나에게 행동하고 반응하도록 한다. 하지만 또한 이것이 행위가 어떻게 자신의 의미를 획득하는가 하는 문제에 대한 나의 예민한 관심을 방해하지는 않는다.

이상의 일반적인 관점을 가지고 나는 범죄학의 전통적인 질문들을 제기하지는 않을 것이다. 특히 나는 범죄 상황에 대해 발전되는 것을 탐구하는 일이 유용하다고 보지 않는다. 이것은 범죄통계가 쓸모없다는 것을 뜻하는 것은 아니다. 범죄통계는 특정한 사회에서 범죄로 판단되고 기록된 현상들, 그리고 그 주된 행위자로 간주된 사람들에게 내려진 처분에 대한 정보를 제공해 준다. 그러나 범죄통계 자체도 하나의 사회 현상이다. 그것은 그 체제가 범죄로 보는 것, 그리고 이에 대응하기 위해 노력하는 것 혹은 대응할 능력을 가진 것을 말해 준다. 범죄통계는 절실하게 해석할 필요가 있는 사회적 사실인 것이다. 범죄통계에 대한

국가가 조절하는 **범죄의 적당한 양**

이러한 관점은 중요한 의미가 있다. 이것은 범죄가 증가하고 있는가, 정체되어 있는가, 감소하고 있는가를 묻는 것은 별로 유용하지 않다는 것을 뜻한다. 범죄는 주어진 양으로 존재하지 않는다. 시간이 지남에 따라 내용이 바뀌는 현상의 발생량을 측정하는 것은 그리 매력적인 일은 아니다.

이 점에서 아마도 나는 《통제의 문화The Culture of Control》에서 서술된 데이비드 갈런드David Garland*의 입장에 아마도 동의하지 않는다. 나는 '아마도' 동의하지 않는다고 하였는데, 이것은 갈런드가 이 점에 관하여 분명한 입장을 취하지 않고 있기 때문이다. 그는 범죄가 시간이 경과함에 따라 변하는 전체 양으로 나타낼 수 있는 현상이며 따라서 그것이 증가하거나 감소한다고 말할 수 있다고 보는 것 같다. 또한 그는 범죄는 증가해 왔다고 보는 것 같고, 이러한 믿음이 그의 분석에서 중요한 요소가 되고 있다. 바로 이 점에서 그는 조심해야 한다. 나는 그의 기본적 입장이 우리가 범죄가 증가한다는 인상을 갖도록 만드는 사회적 상황에 처해 왔으며 이러한 인상은 많은 종류의 사회적 결과를 낳는다는 것이기를 바란다.

* David Garland, *The Culture of Control: Crime and Social Order in Contemporary Society*, Oxford University Press, Oxford, 2001.

범죄에 대한 이 같은 일반적인 관점은 서로 연결된 두 가지 핵심적인 질문을 제기하게 한다.

첫째, 바람직하지 않거나 또는 받아들일 수 없다고 일반적으로 인식되는 행위들의 증가 혹은 감소 뒤에 존재하는 것은 무엇인가? 그리고 결국 이런 바람직하지 않은 행위들의 발생에 영향을 미치는 것은 어떻게 가능한가?

둘째, 무엇이 이렇게 바람직하지 않은 행위들의 일정 부분을 범죄로 그리고 그 행위자를 범죄인으로 보게 하는가? 특히 어떤 물질적·사회적·문화적·정치적 조건에서 범죄와 범죄인은 지배적인 은유metaphors, 즉 그러한 행위와 행위자들을 바라보는 지배적인 방식으로 나타나는가?

이것은 매우 자유로운 관점이고, 이 책의 전반적인 주제와 연결된다. 즉 (범죄가) 충분하다고 생각될 때는 과연 충분한 것인가? 또는 이 책의 제목처럼, 범죄의 적당한 양은 어느 정도인가? 이러한 의문들은 자연스럽게 다음 질문으로 이어진다. 즉 형벌의 적당한 양은 어느 정도인가?

제2장

단일한 문화

2.1 다차원성에 대하여

우리가 다문화 사회에 살고 있다는 것은 보편적으로 인정되는
사실이다. 우리는 신체적으로 또 가치관에서도 서로 상당히 비
슷한, 단순하고 단일한 공동체에서 삶을 영위해 왔다. 그러나
천천히 세계는 하나가 되어 가고 있다. 우리는 차이에 익숙해져
야만 하는 이러한 과도기에 있다. 우리는 단일 문화에서 다차원
적 문화로의 발전을 경험하였다.

물론 이것은 맞는 말이다. 그러나 동시에 완전히 틀린 말이기
도 하다.

나는 북극권Arctic Circle 바로 위쪽에서 겪었던 아름답고 더운

39

한 여름날을 기억한다. 우리는 페리를 타고 조그만 섬을 향해 가고 있었다. 그곳에서 사람들은 북해의 어류와 특히 고래를 잡아 생계를 유지하고 살아왔다. 몇 채 안 되는 집들은 바람과 파도를 피해 절벽 뒤쪽에 지어져 있다. 배가 항구에 접근했을 때, 우리는 한 남자가 겨울용 장작을 패고 있는 것을 볼 수 있었다. 그것은 힘든 일이었다. 그는 반바지만 입은 채로, 매우 자연스럽고 리드미컬하게 하나씩 하나씩 장작을 패고 있었다. 자연과 조화를 이룬 인간, 이것은 바이킹 시대 이래로 계속되어 온 노르웨이의 오래된 풍경이다. 몇몇 어린아이들이 그를 바라보고 있었다. 이제 곧 그들도 이 전통을 이어 나갈 것이다.

그런데 특이한 것은 그 남자와 아이들이 모두 흑인이라는 사실이다. 북쪽 끝에 있는 어촌에서조차도 민족적 단일성이 유지되지 않고 있는 것이다. 그리고 이것은 당연히 노르웨이의 다른 지역에서는 더욱 그렇다. 예컨대 오슬로에서는 중학교grammar school 학생의 절반 이상이 노르웨이어를 외국어로 배운다. 그러므로 인종과 언어의 면에서 단일 사회에서 다문화 사회로 바뀌었다는 것은 전적으로 옳은 말이다.

그러나 이어서 다음과 같은 질문을 할 수 있다. 인종과 언어에 관한 이러한 차이가 과연 다문화에 대한 적절한 지표인가? 겉으로 보면 사람들은 다르기는 하다. 그렇지만 그것은 단지 겉모습

국가가 조절하는 **범죄의 적당한 양**

에 관한 것일 뿐이다. 아마도 어린이용 교육 서적에 있는 다음과 같은 말이 맞을는지도 모른다. 즉 "내면에서 우리는 모두 비슷하다!" 아래에서 나는 이 말이 '한탄스럽게도' 옳다는 것을 논증하려 한다. 역사를 돌이켜 보면 우리는, 항상은 아닐지라도, 종종 다문화적이었다. 이제 우리는 상당히 비슷해졌다. 그렇게 되려고 우리가 애쓴 영역에서 말이다.

이 문제를 더 잘 다루기 위해서는 다른 차원의 분석을 살펴보아야 한다. 우리는 개인들이 서로 다른지를 묻는 대신에 사회적으로 중요한 제도들이 서로 다른지를 검토해 볼 수 있다. 여기에서 제도란 사회의 주요 요소들을 체계적으로 배열한 것을 의미한다. 즉 제도란 가치, 규범, 행위 등과 사회의 중요한 활동들을 집합적으로 묶은 것이다. 이러한 활동들을 많은 제도로 나눌 수도 있고 또는 소수의 추상적인 범주로 통합할 수도 있다. 다그 외스터베르그Dag Østerberg는 이를 네 가지 범주로 구분하였다. •

• Dag Østerberg, "Universitetet og vitenskap I dagens samfunn". In Egil A. Wyller (ed.), *Universitetets ide gjennom tidene og I dag: en samling Oslo-fore-drag.* Universitetsforlaget, Oslo, 1991.

첫째, 물질적 필수품의 생산과 화폐에 기반한 교환관계인데, 여기에서는 목적적 합리성이 지배적인 사고방식으로 작용한다. 다음 범주는 재생산으로, 여기에서는 다른 사람에 대한 관심과 배려가 주요 가치가 된다. 세 번째 범주는 권력과 정치를 둘러싼 활동이다. 그리고 네 번째는 상징과 이해의 정교화인데, 이것은 우리의 일상생활에서 경험되기도 하고 교육이나 과학, 예술 등의 분야에서 더욱 체계적으로 이루어지기도 한다.

다음으로 더 중요한 문제가 있다. 우리는 여러 제도나 그 내부의 주요 부분들을 기본적으로 서로 다른 것으로 보는 사회학적 관점을 취하고 있다. 바로 이 차이로 인해 그들을 구별 짓고, 그들에 각각 다른 이름을 부여하며 그들의 독특한 성격이나 서로 간의 힘을 비교할 수 있게 된다. 이러한 분석에서 우리는 종종 다원주의적 입장을 택한다.

그러나 다른 입장도 가능하다. 한 제도가 자신의 세력을 확장하여 다른 제도를 침범하고 마침내 이를 흡수해 버리는 것으로 볼 수도 있다. 이것은 일종의 제도적 제국주의institutional imperialism의 관점인데, 이에 따르면 하나의 제도가 완전한 지배력을 갖게 되어 모든 것이 이 제도에 따라 결정되고 대부분의 다른 제도들의 주요 부분은 이 제도에 의해 식민화된다.

이런 시각에서 보면 우리는 어디쯤 위치해 있을까?

국가가 조절하는 범죄의 적당한 양

내게는 대고모 세 분과 함께 보낸 어린 시절 기억이 선명하게 남아 있다. 마리아 한시네Maria Hansine는 1852년생이셨고, 사라Sara는 1854년, 안나Anna는 1859년생이셨다. 그들은 성직자 집안 출신이셨는데, 이것은 당시에는 중요한 계급이었지만 동시에 그에 따른 비용을 치러야 했다는 것을 뜻한다. 그들은 높은 사회적 지위에 있었지만 그러한 기준에 맞춰 살아갈 재산은 없었다. 재산이 없다는 것은 결혼하여 자녀를 둘 가능성이 낮아진다는 것을 의미한다. 가진 것이 없는 남성은 청혼할 수 없었고, 이런 상황에서 여성에게 결혼 지참금이 있는 것도 아니었다. 어떤 남성은 하층 계급의 매력적인 여성과 결혼하기도 하였다. 이렇게 하여 성직자 집안의 여성들에게 적합한 결혼 대상자는 줄어들게 되었고, 마리아와 사라는 결혼하지 못했다. 안나는 늦은 나이에 결혼했지만 아이가 없었고, 그녀의 남편이 사망하자마자 두 자매와 함께 살았다. 할아버지의 형제들도 이 자매들의 운명에 따라 삶의 방식이 제한되었다. 그들은 여자 형제들을 돌보아야만 했는데, 이것은 그들도 결혼할 수 없다는 것을 의미했다. 형제는 4명이었는데, 가장 큰형은 여자 형제들이 어릴 때 다른 나라로 가 버렸다. 거기에서 그는 가족을 이루고 살았다. 다음 두 형제는 세 자매보다 조금 더 나이가 많았는데, 일생 동안 결혼하지 않고 살았다. 게르하르트Gerhardt 할아버지가 계곡 위쪽 마을에서 가정교사로 일할 때 어떤 여성과 혼담이 있기도 했지만, 결국 성사되지는 않았다. 세 자매는 재산이 없었고, 대가를 받는 노동도 결코 하지 않았다. 그들은 다른 사람의 집에서 다른 가족의 아이들을 돌보아 주며 살았다. 게르하르트 할아버지가 최소한의 생필품을 제공해 주었다. 넷째였던 나의 할아버지는 가장 어렸으므로 집안을 계승하기 위해 결혼하였다. 따라서 세 자매는 바로 위 두 오빠의 도움에 의해 살았다. 이들은 매우 가난하여 오랫동안 겨울 코트 하나를 셋이서 같이 입을 정도였다. 그래서 겨울에는 세 분 중에 한 명만, 즉 3주에 한 번씩만 교회에 갈 수 있었다. 그러나 이런 문제는 하느님에 관한 것일 뿐 이웃에 대한 것은 아니었다. 그들은 가난하지만 자부심을 가질 수 있는 시대에 살았다. 물질적으로는 빈곤했지만 내적인 정신은 충만했다. 개인 소득은 전혀 없었지만 필수적인 가족 구성원이었다. 장례식에 온 사람들은 고인이 매우 밝은 성격과 어려운 사회적·경제적 문제를 해결해 나가는 지혜를 지닌 사람이었다는 말들을 했다. 또는 고인은 항상 친절했으며 자신을 위해서는 많은 것을 소유하지 않았다고 말하기도 했다. 그녀는 '남을 도와주지 않으면 자기도 아무것도 얻을 수 없다'는 말을 믿고 살았다. 그녀는 정직

국가가 조절하는 **범죄의 적당한 양**

한 영혼이었으며 아무에게도 해를 끼치지 않았다.

　예전에 대한 그리움을 말하려고 하는 것은 아니다. 대고모나 대삼촌의 삶이 나나 나의 아이들보다 더 나았다거나 더 못했다고 평가할 필요는 없다. 내가 말하고 싶은 것은 다만 그들의 삶이 여러 차원의 제도적 상황multi-institutional situation을 잘 보여 준다는 것이다. 그들은 하느님을 경배하였지만 '추위를 덜기 위해' 술을 마셨다. 그들은 책을 좋아했지만 이것은 생계를 위한 것은 아니었다. 그들은 가족을 자랑스러워했지만 여기에도 한계가 있었다.[1] 그들은 평생 다른 가족을 위해 일했지만 어떤 대가도 받지 않았다. 삶은 고단했지만, 이것이 그들의 자존감self-respect에 영향을 주지는 못했다. 늘 가난했지만 — 내가 아는 한 — 그들은 존엄한 삶을 살았다. 아마도 종교가 그들의 삶에 큰 부분을 차지했겠지만, 그들은 어떤 한 제도가 삶을 전적으로 지배하지는 못하는 시대에 살았다. 다시 말해 기본적으로 그들은 제도적 다원주의institutional pluralism 아래에서 살았다.

2.3　제국주의로서의 개발

우리 문화의 지배적인 생각은 밖으로 나가서 모든 세상을 우리 방식으로 만들라는 것이다. 근대성modernity이라는 개념도 마찬가지이다.

1949년에 트루먼Harry Truman은 저개발과의 투쟁, 즉 세계를 고도로 산업화된 나라들로 바꾸자는 캠페인을 시작했다. 제3세계는 저개발과 가난으로부터 구원되어야 했다. 그것은 강제적인 이데올로기였고, 거기에는 좋은 삶이란 경제적 합리성이라는 기준에 따라 사는 것이라는 전제가 있었다.

그러나 동시에 이것은 모든 나라들이 단순화된 목표 구조를 가진 우리의 모델로 성장해야 한다는 것을 뜻했다. 시간이 지나면서 저개발underdevelopment이라는 개념은 사라지고 대신 개발도상국developing countries이라는 용어가 등장했다. 이 단어는, 마치 그들이 정말 개발 과정 중에 있는 것처럼, 더 긍정적으로 들린다. 오늘날의 정확한 명칭은 제3세계 국가들Countries of the Third World이지만, 여하튼 다 같은 것을 가리키는 말이다. 이 나라들은 우리와 같은 수준에 도달하도록 도움을 받아야만 한다. 다시 말해 그들의 삼류 마차를 우리와 같은 일류의 것으로 다시 만들어야 하는 것이다. 그러나 이를 위해서 이 나라들은 한 가지 중요한 특징을 바꾸어야 한다. 즉 다차원의 제도로부터 단일 제도의mono institutional 사회가 되어야 하는 것이다. 그런 후에야 이들은 국가nations로서 다른 국가들에 종속된 상황을 벗어날 수 있게 될 것이다. 그러나 이것은 꿈이다. 그들은—국가 차원에서—선

국가가 조절하는 **범죄의 적당한 양**

진국에 도움이나 원조를 요청할 필요는 없지만, 그 국민 가운데 누군가는 지금 그들의 국가를 지배하고 있는―혹은 곧 지배하게 될―바로 그 나라에 도움을 요청해야만 할 것이다. 이 과정에서 국가적 종속은 개인적인individual 종속으로 바뀌게 된다. 또는 다른 방식으로 말하면 다음과 같이 된다. 제3세계 국가들은 저개발 상태 동안 내내 모든 사람을 위한 사회였다. 이제 이들이 생산자와 소비자의 국가로 바뀌게 됨에 따라 대다수의 주민들은 중요하다고 여겨지는 단 하나의 활동, 즉 생산과 소비에 참여하지 못하는 상황에 놓이게 되었다.

이반 일리치Ivan Illich는 다음과 같이 말한다.

> 대부분의 사람들이 생존subsistence을 위해 살아가던 시대에는 우리가 극복할 수 없는 한계가 있다는 인식이 있었다. 삶은 변하지 않는 생필품의 영역에 묶여 있었다. 토지는 이미 알고 있는 농작물만을 생산했고, 시장에 가려면 사흘이 걸렸다. 아들은 그의 미래를 아버지를 통해 알 수 있었다. … 필수품을 뜻하는 필요needs는 절제되어야만 했다. … 생존이라는 도덕경제moral economy에서 욕구의 존재는 그들이 안정될 수 없다는 확실성 정도만큼만 받아들여졌다. ●

● Ivan Illich, "Needs", In Wolfgang Sachs (ed.), *The Development Dictionary: A*

사람들은 그런 삶을 살았다. 소망wishes이 있었지만 이것은 희망hope일 뿐 권리에 기반한 필요는 아니었다. 일리치가 볼 때 인류는 호모 사피엔스Homo sapiens(지혜롭고 우아한 인간)에서 호모 미제라빌리스Homo miserabilis(비참한 인간)로 바뀌어 버렸다.

이처럼 개발이라는 생각은 제국주의적인 것이다. 이미 개발된 국가들이 오만하게 "우리는 당신들이 우리처럼 되도록 돕고 있다"라고 말하는 점에서 그렇다. 또 그 도움이, 하나의 단일하고 지배적인 제도에서 나온 사고와 가치가 다른 것들을 종속시킴으로써, 이 나라들을 다차원적인 구조에서 일차원적인 것이 되도록 고무 내지는 강제하고 있다는 점에서도 그렇다.

2.4 노동의 대가

나는 대학에서 종신직으로 임명되었다는 것을 알게 된 날을 아주 분명하게 기억하고 있다. 평생 연구에 종사한 삶은 나에게 행운이었다. 그것이 나의 생계를 유지하게 해 주었기 때문이다. 나는 다른 일을 하지 않아도 되었고, 내가 좋아하는 일을 할 수 있게 해 주는 돈을 벌었다.

Guide to Knowledge as Power, Zed Books, London, 1992, p. 90.

물론 나는 우리나라(노르웨이)에서 이런 특권적인 삶을 사는 유일한 사람은 아니다. 보통 정신적으로 미숙한 사람이라고 불리는 어떤 사람들에게는 이와 비슷하거나 혹은 더 많은 특권이 주어진다. 나는 그들을 특이한extraordinary 사람들이라고 부르고 싶다. 그들은 일부 평범한 사람들과 함께 노르웨이의 여러 지역에 있는 여섯 마을에 산다. 같은 형태의 마을은 유럽의 몇몇 나라, 특히 영국과 독일에도 있다.

이런 마을의 한 가지 중요한 특징은 일work과 돈벌이 사이에 관계가 없다는 것이다. 마을 사람들이 모두 일을 하기는 한다. 하지만 그 대가로 돈이 지불되지는 않는다. 간단히 말해서 모든 돈은 한곳에 모아지고 필요에 따라 쓰일 뿐, 대가로 지불되지는 않는다.

공식 예산에서 교사, 간호사, 의사, 농부와 같은 용어가 쓰이기는 한다. 그러나 이 용어들은 마을 내에서 제한된 의미만을 갖는다. 더 중요한 것은 이런 지위들로부터 얻은 소득이 그 사람들에게 돌아가지 않는다는 것이다. 국가와 지방자치단체에서 받는 모든 지원과 야채나 도자기 판매에서 생긴 모든 소득은 마을 전체의 이름으로 만든 계좌로 송금된다.

그러나 마을 사람들은, 그들의 조건과 관계없이, 돌봄을 받는다. 그들은 매우 특이한 사람들 그리고 이런 마을에서 사는 것을 좋아하는 사람들과 한집에서 같이 산다. 모든 사람들은 현대적 삶의 일반적인 안락함을 누린다. 건강한 음식을 먹고 필요할 때는 자동차를 이용할 수 있으며, 다른 사람들과 그리스로 휴가를 가거나 상트페테르부르크St. Petersburg에서 열리는 음악 축제에 참여하기도 한다.

학생들은 아마도, 마을 전체의 계좌에 모든 수입이 모이고 각자가 필요에 따라 이를 쓴다는 것을 믿지 않으려 할 것이다. 누군가는 남용을 할 것이고 수입의 사용 방법에 관하여 끝없는 다툼이 계속될 것이므로 이런 방식은 가능하지 않다고 여길 것이다. 그러나 이 문제를 나이가 많은 노동자들과 얘기해 보라. 비록 나이가 많아서 사회 복지에 대해서는 모를지 몰라도, 이들은 **지케 금고**sykekasse, 그러니까 그들 모두가 정기적으로 봉급의 일부를 넣어 둔 조그만 금고에 대해서는 잘 안다. 바로 이 금고로부터 그들은, 육체가 더 이상 견디지 못하게 될 때, 도움을 받았던 것이다. 누가 도움을 받을 것인가 하는 문제는 바로 그 노동자에게 달려 있었다. 이때 문제는 금고 안의 돈이 남용되는 것이 아니라 그 반대, 즉 과소 소비된다는 것이었다. 마을에서도 마찬가지이다. 공동 운명의 경험은 스파르타와 같은 엄격하고 검소한 생활방식을 갖게 한다. 소비 수준은 그 사회체제의 조직방식에 달려 있는 것이다. 크고 좋지만 양쪽 끝이 새는leak 체제에

국가가 조절하는 **범죄의 적당한 양**

서의 삶은 일정한 형태의 도덕성을 만들어 낸다. 반대로 크기가 작아서 한 사람의 행동이 다른 모두에게 직접 영향을 주는 체제에서는 확실히 다른 도덕성이 형성될 수 있다.

　수입을 공동으로 소유하면 노동과 소득 사이의 관계를 더 쉽게 단절할 수 있다. 나는 이 마을에서 어떤 일에 대한 인센티브incentive로 돈을 말하는 것을 본 적이 없다. 일을 하는 이유는 그 일을 해내야 할 필요가 있기 때문이다. 모든 사람이 일을 한다. 어떤 사람에게는 열정이 있고, 또 다른 사람은 그 일을 쉽게 해내는 상당한 능력을 가지고 있다. 그러나 돈이 그러한 활동을 하는 이유로 들어지지는 않는다. 소젖을 짤 때에는 소꼬리가 우유가 담긴 그릇에 닿지 않도록 해야 한다—때때로 이것은 중요한 일이다. 잡초도 뽑아야 하고 저녁 식사 준비도 해야 한다. 걷지 못하는 사람은 눈이 먼 사람을 안내하지만 반대로 그에 의해서 움직일 수 있는 것이다. 돈이 외부 세계와의 관계에서 필수품인 것은 사실이지만, 내부적으로도 반드시 그런 것은 아니다. 이것은 어떤 활동에 대한 평가에 곧바로 영향을 준다. 일에 대한 보상은 바로 그 일 자체이다. 노르웨이어와는 달리 영어는 '노동labour'과 '일work'을 구별한다. 노동은 커다란 부담이다. 역사적으로 이 말은 고문torture과 연관이 있다. 일은 어떤 것을 해냈다는 의미를 갖는다. 예술 작품의 완성에서와 같이, 이 말은 창조creation의 뜻이 있는 것이다! 이런 창조 활동에 대해서 돈은 방해 요소나 다름없다. 일이 그 자체로 보상이 아닌 때에 그것은 다른 어떤 것을 위한 수단tool이 되고, 이를 통해 노동으로 바뀌는 것이다.

돈과 소비를 중요하게 생각하지 않으면 다른 활동을 할 수 있는 여지가 생겨나게 된다. 비다로센Vidaråsen은 이런 체제를 가진 주요 마을 가운데 하나이다. 여기에는 많은 일반 건물들—주택, 공예품 가게, 농장 등—과 함께 3개의 중요한 공공 건물이 있다. 가장 큰 것은 강당이다. 160명이 사는 이 마을에 이 지역county에서 가장 큰 공연장과 극장이 있다. 음악가들은 공연을 하러 여기에 오고 싶어 한다. 다음으로 중요한 건물은, 내가 '텐트Tent'라고 부르는, 종교 활동이나 강의, 그 밖에 다른 문화적 활동을 위해 사용되는 것이다. 세 번째 건물은, 이제 막 지어졌는데, 손이 많이 가거나 특별한 형태의 돌봄이 필요한 사람들을 도와주는 센터이다. 세 건물은 모두 공동계좌에 의해 지어졌는데, 마을에서 가장 중요한 세 가지 제도, 즉 문화, 종교, 그리고 이웃에 대한 돌봄을 나타낸다고 할 수 있다. 일work과 더불어 이 제도들은 이러한 형태의 마을생활에서 중요한 요소가 된다. 이들은 삶을 다양하게 해 주며, 말 그대로 모두를 위한 공간이 된다.

그러나 너무 낭만적으로 생각하지는 말자. 이렇게 작고 긴밀하게 연결되어 사람들이 서로 의존할 수밖에 없는 사회에서는 내부 갈등이 생기기 마련이다. 나는 다른 곳*에서 〈살아 있는 공동체는 다툼이 있는 사회A Living Society is a Quarrelling Society〉라는 제목의 짧은 글을 출판한 적이 있다. 이러한 묘사 또한 이 마을의 실재에 부합하는 것이다.

나는 오랫동안 이러한 마을들과 소통해 왔고 《외로움의 극복과 제도Beyond Loneliness and Institutions》라는 제목의 작은 책**에서 이들을 다루기도 했다. 2년 전 나는 이탈리아어 번역판에 서문을 써 달라는 요청을 받았다. 그런데 초판이 출판된 지 너무 많은 시간이 지났기 때문에, 편집자는 약 15년 전 내가 그 마을에 살면서 보았던 것에서 무엇이 달라졌는지를 말해 달라고 했다. 이 부탁을 받고 나는 약간 당황했다. 별로 특별한 일이 없었기 때문이다. 그동안 마을은 안정적이었고 큰 변화는 없었다.

그런데 내가 왜 당황스러워 해야 했을까? 왜 변화하지 않은 것이 변화한 것보다 더 설명하기가 어려울까? 나는 그 이유가

- Nils Christie, "A Living Society is a Quarrelling Society", In *Law and Social Change*, Annual Lecture Series 1971/1972, Osgoode Hall Law School, York University, 1973.
- •• Nils Christie, *Beyond Loneliness and Institutions: Communes for Extraordinary People*, Scandinavian University Press, Oslo, 1987.

비개발non-development이 현대의 정신과 맞지 않으며 그래서 쉽게 하나의 흠결defect로 해석되기 때문이라고 생각한다. 비다로센과 다른 마을들은 개발의 압력에 굴복하지 않은 삶의 방식을 나타낸다. 그들은 근대화를 거부했다. 그들은 예전 사회가 지닌 가치를 알고 있으며, 그에 따라 자신들의 삶을 재구성했다.

그래서 개발이 되지 않은 상황을 설명하는 것은 쉽지 않은 문제이다. 책의 초판이 출판된 이후 새로운 일은 별로 일어나지 않았다. 왜 그랬을까? 이 마을에서 삶은 매우 더디게 흘러간다. 사람들은 태어나고 나이 들며 사망한다. 간혹 새로운 이들이 잠시 혹은 평생을 살기 위해 온다. 어쩌다 새로운 건물을 짓고 낡은 것들을 보수하기도 하지만, 대부분 생활은 그대로 지속된다. 이것이 통상 마을의 삶이었던 것이다.

그러나 이에 대해서는 다음과 같은 어려운 질문이 제기될 수 있다. 즉 이것이 어떻게 가능한가? 다시 말해 발전progress에 대한 신념으로 가득 차 있는 세상에서 비개발을 어떻게 설명할 수 있는가?

나도 확실한 답을 가진 것은 아니다. 그러나 몇 가지 제안은 할 수 있다. 우선 마을의 모든 주요 활동의 준거로 마을 사람들을 주목해 보아야 한다. 몇몇 사람은 걷기가 쉽지 않은데, 이것 때문에 마을의 넓이가 커지는 것이 제한된다. 관료적 위계질서에 대한 거부도 같은 효과를 낸다. 일정 규모 이상이라면 이러한 형식의 조직 구성은 불가피한 것이다. 인센티브로서 수당이 없는 것도 또 하나의 요인이다. 크고 현대적인 건물을 지을 이유가 없는 것이다. 반대로 개발은 삶의 질을 떨어뜨리는 위협으로 간주된다. 관계해야 할 사람이 더 많아져서 친밀한 관계를 유지할 시간이 더 줄어드는 것이다.

그러나 여전히 마을에 사는 많은 사람들은 '정상적인 사회'에서 성장한다. 그들은 일정한 목표를 갖도록 학습되며, 직장이나 가족을 얻고 사회적·경제적으로 성공하기 위해 훈련된다. 다시 말해 이 모든 것들은 일반적인 성공의 지표이다. 그렇다면 왜 그들은 정체되어 있는가? 그들은 왜 마을을 현대적인 요양원 nursing home으로 바꾸지 않는가?

나는 그 주된 이유가 이 마을에는 아직 다른 할 일alternative challenges들이 많이 남아 있기 때문이라고 생각한다. 만약 일상적인 언어를 사용하지 않는 사람과 이웃하여 산다면, 어느 날 그 사람의 몸짓 언어body language를 이해해 내고 이후 그 이해를 더 깊게 하는 것은 커다란 성공이라고 할 수 있다. 혼자서는 두 집 사이를 걸어 본 적이 없는 사람이 어느 날 이 일을 씩씩하게 해 냈다면 그날은 매우 기쁜 날이 될 것이다. 이 외에도 고립된 삶에 따른 다른 많은 사회적 보상들이 있다. 마을생활을 안정되게 해 주는 여러 기제stabilizers들이 있는 것이다.

그러나 마을은 잘못된 길로 갈 수도 있었다. 경제적 상황에 의해 붕괴될 수도 있었던 것이다. 그런데 그 이유는 돈이 부족해서가 아니라 지나치게 남기 때문이었다!

모든 소득을 한 계좌에 보관하는 기본 제도에 대해서는 이미 언급하였다. 그런데 이러한 원칙이 이 마을을 상대적으로 풍요로운 사회체제로 만들 가능성이 높다는 점을 지적해 둘 필요가 있다. 마을은, 같은 수의 특별한 어려움을 가진 사람이 있는 다른 사회들보다, 노르웨이 정부로부터의 지원을 덜 받는다. 그러나 여기에 사는 사람들은 사적인 경제활동을 거의 하지 않는다. 마을은 그들의 집이고, 그들은 자기 집이나 차를 사거나 보험에 가입할 필요가 없다. 그래서 대부분의 돈은 모두를 위한 계좌에 그대로 남아 있다. 그리고 그 돈으로 집을 개축하거나 새 말horses 또는 땅을 사고, 새로운 강당이나 처음 온 사람들을 위한 집을 짓는다. 그런데 여기에 위험이 있다. 과도한 확장을 위해 돈을 쓰거나 특별한 공적이 있는 사람에게 추가적인 보상을 지급할 수도 있다. 이러한 보상은 마을 내의 평등한 기준을 해칠 수도 있고, 보통의 노르웨이 사람들보다 더 높은 생활 수준을 만들어서 문제를 일으킬 수도 있다. 마을의 안정성은 돈이 너무 적어서가 아니라 너무 많아서 위험에 처해졌던 것이다.

이러한 문제들은 관대함generosity에 의해 해결되어 왔다.

내가 초판을 낸 이후 벌어진 가장 언급할 만한 일은 동유럽에서 이런 마을이 크게 확장되었다는 것이다. 네 군데에 새로운 마을이 생겨났는데, 러시아, 에스토니아, 폴란드 그리고 가장 최근에는 리투아니아에 지어졌다. 이들 모두는 노르웨이의 마을로부터 비용이나 건물, 장비, 인력 등을 지원받았다. 이 발전에 대해서 나는 처음에는 주저했다. 노르웨이의 마을이 너무 커지는 것이 아닌가 하는 두려움이 들었던 것이다. 지금이나 사람은 노르웨이 마을에도 필요했다. 그 모두를 동유럽에 보내는 것은 위험하다는 생각이 들었다.

그러나 나는 틀렸다. 포틀래치potlatch 파티*나 또는 인류학자들이 말하는 다른 사례들, 즉 잉여surplus가 없어지거나 멀리 보내져서 재분배된 결과 그 종족이나 공동체의 기본 구조가 변화하거나 파괴되지 않은 경우들을 기억했어야 했다. 동유럽에 마을을 만들기 위해 준 도움은 노르웨이의 마을이 자신의 정체성을 보존할 수 있게 해 주었다. 기업가적인 실행은 파괴적이지 않은 결과를 얻었다. 잉여가 좋은 목적을 위해 쓰인 것이다. 개발을 위한 것이었지만, 더 많은 마을, 즉 더 많은 대안적 삶의 방

* 미국이나 캐나다의 북서안 원주민들이 부나 권력을 과시하기 위해 겨울 축제에서 선물을 나누어 주던 관습을 말한다.

식이라는 의미에서의 개발이었다. 게다가 이것은 이러한 대안이
절실히 필요한 나라들, 즉 경제적 경쟁과 개발이 축복을 가져다
준다는 일반적인 서구의 관념이 이제 지배하기 시작한 동유럽에
서 이루어진 것이었다.

2.5 아이들이 집을 그만 짓도록 하는 법

아이들은 거의 늘 활동적이다. 인형을 키우거나 전쟁놀이를 하
기도 하고 판자로 성을 쌓거나 모래로 궁전을 짓기도 한다. 그들
은 재미로 이런 일을 한다. 과정 그 자체를 즐길 뿐이다. 어려우
면서도 중요한 질문은 왜 많은 아이들이 이러한 창조적 활동을
그만두는가 하는 것이다.

너무 힘들어서인가?

아이들이 나무에 오두막집을 짓는 것을 보라. 이들이 어린이
가 아니라고 생각하고 이것을 보라. 아이들은 이른 아침부터 늦
은 저녁까지 일한다. 두꺼운 판자를 끌어오고, 톱질이나 망치질
을 하다가 손가락을 다치기도 한다. 이런 작업은 원래의 계획이
서서히 모습을 드러내고 마침내 집이 세워질 때까지 며칠간 혹
은 몇 주 동안 계속될 수도 있다.

우리는 창조자creator로 태어났다. 그러나 (창조적인) 일work은

우리에게서 멀어질 수 있다. 가장 위험한 것은 대가salary이다. 이것이 일에 대한 관심을 가져가 버린다. 무엇을 하는가가 아니라 얼마를 버느냐가 가장 중요한 문제가 된다. 일은 다른 것을 위한 수단이 되고, 활동은 독일 사람들이 **본래적이지 않다** *uneigentlich*고 부르는 것이 되어 버린다. 더 이상 무언가를 창조하는 것이 아니라 그 밖의 다른 어떤 것 — 즉 경제적 보상 — 을 달성하기 위한 것이 된다. 아이들에게 오두막을 지은 대가로 돈을 줘 보라. 오래지 않아 이들은 그것을 그만둘 것이다.

일과 대가의 관계가 사라진다면, 사람들이 대가를 받을 만하다고 생각하는 이상한 믿음도 없어질 것이다. 대가를 받을 만해서, 가장 높은 대가를 받을 만해서, 가장 많은 봉급을 받는 것인가? 그가 마을 혹은 나라 전체에서 인형을 가장 잘 만들기 때문인가? 아니면 인형이 말보다 수요가 더 많기 때문인가? 그가 원래 인형 만드는 집에서 태어났기 때문인가? 그가 인형 생산을 독점할 정도로 충분한 능력을 가졌거나 혹은 그 정도로 인정머리가 없어서인가? 일에 대한 보상이 바로 그 일인 곳에서 보면, 보통 세상에서 금전적 대가의 차이가 일 자체가 아니라 많은 다른 이유들 때문이라는 것이 분명해진다.

아이들에게 돈을 주면 그들은 곧 집 짓는 활동을 멈출 것이다. 이를 멈추게 하거나 심지어 미리 막을 수 있는 또 하나의 효과적인 방법이 있다. 그것은 그들에게 집 짓는 방법을 가르치는 것이다. 내가 망치를 잡고 아이들에게 그 사용법을 주의 깊게 보도록 하고, 나아가서 졸업 시험과 더불어 나무에 잘 올라가는 애들에게 자격증을 주는 짧은 과정을 만든다면 어떨까? '나무 위의 오두막'에 대한 이런 생각은 불합리해 보인다. 그러나 보통 사회에서는 이것이 바로 우리가 일을 처리하는 방식이다. 그리고 그다음에는 왜 그렇게 많은 아이들이 점점 소극적으로 되어 가는지를 걱정하기 시작한다.

2.6 캐피털

우리는 게오르크 지멜Georg Simmel이 맞다는 것을 안다.* 돈은 일차적 관계를 파괴한다. 즉 '돈은 우리로 하여금 다른 사람들과의 관계로부터는 물론, 우리 자신의 소유물에서 생겨난 것들로부터도 우리 자신을 사게buy 해 준다.' 돈은 그 자체로 낯선 것strangeness의 상징이 된다. 만약 내가 친한 친구에게 가구 옮기는 것을 도와 달라고 하고 하루 동안 수고가 끝난 다음에 그에게 비용 청구서를 보내라고 한다면, 그는 이 말을 농담으로 여기거나 아

---

* Georg Simmel, *The Philosophy of Money*, Routledge, London, 1990, p. 404.

니면 마음에 상처를 입을 것이다. 정말 진지하게 그에게 돈을 준다면, 이것은 그에게 '우리는 친구가 아니다'라고 말하는 셈이 될 것이다.*

예전에 나는 한 그룹의 학생들에게 '캐피털capital'이라는 단어를 들으면 무엇이 생각나는지 물어본 적이 있다. 거의 모두가 망설임 없이 '돈money'이라고 답했다. 나는 그 전날 《옥스퍼드 영어 사전Oxford English Dictionary》을 찾아보았고, 그래서 돈은 이 말의 뜻에서 겨우 여덟 번째에 나와 있다고 말해 줄 수 있었다. 첫 번째 의미는 머리heads, 주요 도시, 큰 빌딩이었다. 이것이 이 단어의 본래 의미에 더 가깝다. 이런 상황은 돈이 머리의 위치를 차지하고 있는 우리 시대에 관하여 많은 것을 말해 준다.

오래된 도시에서는 성당이 가장 중요한 랜드마크landmark였고 왕궁이 그다음이었다. 그 뒤가 대학과 학교였다. 내 주변을 보면 학교가 아직도 가장 큰 건물이다. 교육 제도의 중요성을 나타내는 기념물로서 그것은 110년이나 되었고, 5층짜리 건물 꼭대기에는 비스마르크 투구Bismarck-helmet처럼 생긴 탑이 있다. 말하자면 (성당은) 신을 위한 궁전, (왕궁은) 왕을 위한 궁전, (학교는)

* Stig Strandli Gezelius, *Legitimacy, Compliance, Survival: Natural Resource Harvesters and the State*, Rapport 1, Institutt for sosiologi og samfunnsgeografi, Universitetet i, Oslo, 2002, p. 241.

지식과 교육을 위한 궁전인 셈이다. 그리고 이제 현대 도시에서 이들 모두는 고층 건물과 쇼핑센터, 즉 장사와 돈을 위한 궁전에 의해 가려져 버렸다. 9·11°의 대상은 우연한 선택이 아니었던 것이다.

2.7 새 성당

캐나다에서 일어난 일이었다. 매우 사소한 일이지만, 나는 속옷을 좀 사려고 숙소를 떠났다. 캐나다는 춥고, 그래서 몇몇 도시는 쇼핑객들이 이 건물에서 저 건물까지 실내로 이동할 수 있도록 시 센터city center를 재건축하였다. 2층 위치에, 고객들이 바람과 눈을 피해 길을 건너서 쇼핑을 계속할 수 있도록, 작은 내부 closed-in 다리가 만들어졌다. 아래에 있는 길은 차car와 변변찮은 옷을 입은less dressed-up 사람들, 즉 공공장소에의 접근이 거부된 사람들을 위한 것이었다.

오래지 않아 나는 이 상품들의 미로에서 길을 잃어버렸다. 왼쪽에는 모피, 정면 방향에는 스카프, 그다음에는 다리 그리고 호텔. 도대체 속옷은 어디 있을까? 벽에 있는 문을 통해서 스키

* 2002년 9월 11일에 일어난 뉴욕 무역센터에 대한 이슬람 무장 단체의 테러를 말한다. 이를 계기로 이라크 전쟁이 발발했다.

용품 상점을 지나고 나서, 나는 갑자기 성당 안에 있는 자신을 발견하였다. 아시아인 커플과 내가 동시에 들어왔고, 우리는 서로 뒤로 물러섰다. 나는 로마 말고는 이런 곳을 보지 못했다. 매우 높은 천장과 돔dome, 그리고 스테인드글라스. 우리는 마치 미술관에 온 듯했다. 깊게 빠져들어서 나는 상품 진열대를 희미하게 볼 수밖에 없었다. 희미하게? 사실은 그렇지도 않았다. 나는 내 가장 중요한 관심사, 남자 속옷 가게를 얼핏 본 것이다.

이것은 내가 가 본, 캐나다에서 가장 큰 백화점에서 일어난 일이었다.

————

우리의 과거는 단일 차원적인mono-institutional 시대, 즉 어떤 제도가 거의 절대적인 지배력을 가진 상황에 대한 많은 예를 보여 준다. 권력을 가진 것은 가족일 수도 있다. 친족 내에서의 위치가 삶의 대부분, 즉 재산의 분배나 정치적 충성도와 같은 것들을 결정하는 것이다. 혹은 교회가 지배력을 가졌을 수도 있다. 교회법canon law이 모든 법적 결정의 최종적인 근거가 되고 왕이나 여왕은 주교의 권위 앞에 무릎을 꿇으며 《성경》이 가족 내에서 남편의 절대적인 지배를 정당화하는 사회이다. 또는 군대가 모든 것을 결정하는 사회를 찾아볼 수도 있다. 그곳에서는 전사가 귀족의 첫 번째 모델이 되고 영웅적인 전쟁 모험이 나라를 망치기도 한다. 이러한 사회들은 모두 한 제도가 대부분의 다른 분야들을 지배하는 제도적 제국주의institutional imperialism의 사례이다.

2.8 이동 중

옛 지주들landowners에게 문제가 생겼다. 그들은 자신들의 원천roots을 재산에 두고 있다. 어떤 이들은 거기에 그대로 살고 싶어 했고 이웃들에게 존경받는 사람이 되었다. 다른 이들은 더 착취적일 수 있지만, 그들도 사회적 유대를 갖지 않을 수는 없다. 이들은 (다른 사람들의) 노동에 의존하고 있고 지역 사회 내의 최소한의 신뢰와 충직loyalty에 기대어 있다. 적어도 그들이 노예주slave owners처럼 전적인 권력을 갖고 있지 않는 한, 예전에는 그랬다. 공장이나 다른 사업체를 소유한 사람들도 마찬가지이다. 최소한의 예의도 없이 헛간이 아무도 모르게 불타거나 기계가 갑자기 멈춰설 수도 있었던 것이다. 혹은 강한 바람이 부는 밤에 의사를 데려오기 위해 피오르fjord를 건너야만 할 때, 아무도 그들을 도와주지 않을 수도 있다.

새로운 형태의 소유자들, 즉 자본 투자자들money movers은 이와는 전혀 다르고 역사적으로도 매우 특이한 상황을 맞았다. 그들의 재산은 매우 가볍다. 버튼만 누르면 움직인다. 그리고 그들 또한 재산과 함께 자유롭게 움직인다. 그들은 자신의 자본을 지켜 주거나 더 늘려 줄 곳으로 언제든지 떠날 준비가 되어 있는 새로운 방랑자vagabond이다. 이를 위해서 그들은 자신들의 고유한 정보체계를 가지고 있는데, 그 대부분은 물론 비공식적인 인맥이지만 여러 다양한 잡지가 그 역할을 하기도 한다. 그들 중 하나인 《인터내셔널 리빙International Living》은 전 세계의 저렴한 자산을 늘 광고한다. 특히 자연적인 혹은 정치적인 재해를 입어 집이나 토지의 가격이 최저점에 있는 나라들의 자산을 말이다. 아르헨티나는 2003년 봄에 값싼 거래의 최적지였다. 그러나 서둘러야 했다. 상황이 정상화될 수 있기 때문이다. 니카라과는 여전히 유용하다. 그리고 그다음에는 역시 세금을 절약하기 위한 정보가 있다. 이 잡지로 인해 나는 힐 박사Dr. W. G. Hill의《여권 보고서The Passport Report》*를 읽게 되었다. 거기에는 다음과 같이 쓰여 있다.

왜 당신의 삶과 당신의 자유를 특정한 정부에 맡기는가? 여권이 하나밖에 없다면 당신은 당신을 소비할 수 있는 자원으로 여

* W. G. Hill, *The Passport Report*, 11th edn, 1997.

기는 정치인에게 종속되게 된다. 당신은 감시받고 라벨label이 부착되거나 구금될 수도 있다. 그럴 필요가 없다. 여권이 있으면 당신은 어떤 나라에도 '속할' 필요가 없다. 당신은 당신 자신의 관할이다. 당신의 인격적·재정적 독립성이 유지될 수 있는 것이다. 당신의 이동 가능성mobility도 보장된다.

…

당신이 두 번째 여권을 얻기 위해서 어떤 법을 위반해야 한다고 말하는 것은 아니다. 결코 그렇지 않다. 힐은 절대 그런 종류의 조언을 하지 않는다. 그는 당신 자신의 이름으로 합법적으로 여권을 만드는 방법을 말해 준다 … 많은 경우에 주거residence의 요건은 필요하지 않다. 몇 나라는 심지어 한 번 가 볼 필요도 없다.

2.9 단일 차원의 사회

우리는 앞에서 본 대고모의 시대에 살고 있지 않다. 우리는 단일 차원의 사회, 즉 제도적 제국주의 아래에 있다. 생산, 교역, 자본 거래의 제도가 지배하는 시대인 것이다.

빌딩은 제도적 권력institutional hegemony의 상징이다. 그리고 이 빌딩들 안에서 일어나는 일, 특히 삶의 조직방식도 마찬가지이다. 경제와 생산 영역에서의 이상ideals이 다른 제도들을 분명히

국가가 조절하는 범죄의 적당한 양

침략했다. 돈은 지렛대crowbar이다. 여러 활동은 그것이 얼마나 이윤을 낳느냐에 의해 평가되고, 이윤은 돈으로 계산된다. 그리고 이때 가장 높은 생산성을 갖고 있다고 생각되는 사람에게 가장 많은 돈이 주어진다는 원칙에 따른다. 이러한 것들은 명백해 보인다. 그러나 우리가 원래부터 그렇게 생각하고 있지 않았다면, 생산과 교역 제도 바깥의 활동들도 이런 방식으로 보상되어야 한다는 것은 결코 자명한 원리가 아니다.

가장 좋은 엄마에게 가장 많은 돈을 주는가? 그렇지는 않을 것이다. 가장 뛰어난 과학자에게 가장 많은 돈? 그럴 수는 있을 것이다. 심지어는 종교 제도에서도 돈을 둘러싼 다툼을 볼 수 있다. 노르웨이에는 '국가 교회state church'가 있다. 언젠가 성직자 노동조합이 급여 수준을 높이기 위해 파업을 하겠다고 선언한 적이 있다. 그러나 이때에도 가장 많은 군중을 모으는 '가장 뛰어난' 설교자에게 가장 많은 돈을 주자고 주장하지는 않았다. 하지만 고위 주교가 일반 주교보다, 또 많은 사람들과 함께하는 목사가 적은 수의 신도를 가진 목사에 비해 더 많은 봉급을 받기는 한다. 한편 보통 시장가치에 따른 급여라는 관념을 좋아하는 국회의원들은 여전히 평의원backbencher들이 고위 당직자 frontbencher들보다 더 적은 급여를 받아야 한다고 결정하지는 못하고 있다. 그러나 2003년 5월에 노르웨이 의회의 위원회는 의회의 의장과 모든 의회 위원회의 위원장들에 대한 보수를 높이자고 제안했다.

우리 시대에 시장적 사고방식의 지배력은 눈에 뜨이지 않을 정도로 완벽하게 확립되었다. 그것은 삶의 분명한 일부가 되었다. 어떻게 다른 것을 생각할 수 있을까? 이 명백한 현상에 대해 의심을 제기하기 위해 조금은 가치가 덜한 다른 예를 들어 보기로 하자.

2.10 전체적 해결책

현상을 잘 이해하기 위해서는 비교를 해 볼 필요가 있다. 우리는 앞서 하나의 제도가 다른 모든 제도들을 압도해 버리는 상황을 살펴보았다. 이와 비슷한 것이 또 있을까? 여기서 잠시 전체주의totalitarianism를 생각해 보자.

이 단어의 기원origin은 분명하지 않다. 클라인Klein은 그의 어원학 사전etymological dictionary●에서 전체주의의 개념은 *towetos* (가득 채워 넣은)와 관련이 있고, 이것은 다시 *tumere*(부풀어 오르다)라는 단어와 관계가 있다고 말한다. 그렇다면 이 용어는 시장

● Ernest Klein, *Comprehensive Etymological Dictionary of the English Language*, Elsevier, Amsterdam, 1971.

국가가 조절하는 **범죄의 적당한 양**

경제에서의 개발과 완전히 동떨어진 개념은 아니다. 그러나 일반적으로는 전체주의 사회를 가리키는 말로 더 많이 쓰여 왔다.

카를 프리드리히Carl Friedrich는 린츠Linz를 인용하여 전체주의 권력을 다음과 같이 정의한다.

(1) 전체주의적 신념체계a totalist ideology

(2) 이 신념을 따르는 그리고 보통은 한 사람(즉 독재자)이 이끄는 하나의 정당

(3) 많은 수의 비밀경찰, 그리고 다음 세 가지에 대한 독점, 더 정확하게는 독점적 통제. 즉 (a) 대중매체mass communications (b) 작동 가능한 무기 (c) 경제조직을 포함한 모든 조직, 따라서 결국 중앙계획경제*

또 베른트 하그벳Bernt Hagvet은 다음과 같이 말한다.

전체주의 국가는 일반적으로 현대 국가에 존재하는 구조적 차이를 줄이거나 약화시키려 한다. 전체주의 독재에서 경제, 문화, 가족, 법적 기구 등 모든 하위체계들은 정치체제에 비해 제

* Juan Linz, "USA Totalitarian and Authoritarian Regimes", In Fred I. Greenstein and Nelson W. Polsby (eds.), *Handbook of Political Science*, Vol. 3, Addison-Wesley, Reading, Mass, 1975, pp. 187~189.

한된 자율성만을 갖는다.*

전체주의 **독재체제**에 견주어 보면, 시장경제의 거대한 지배력 때문에 우리가 전체주의 권력하에서 산다고 말하는 것은 이상해 보인다. 그러나 만약 독재가 전체주의에 반드시 수반되는 현상이라고 고집하지 않는다면, 얘기는 달라진다. 오히려 개념의 역사를 감안하면—*tumere*, 즉 부풀다, 팽창하다—우리의 현 체제가 갖는 전체주의적 성격에 관심을 기울이는 것이 합리적이다. 아마도 전체주의 권력을 독재의 산물로 여기는 전통적 사고가 우리의 현재에 존재하는 전체주의의 특징을 보지 못하게 하는 것 같다.

―――――

내 말은 최근에 우리 사회가 하나의 전체적으로 지배적인 제도가 다른 대부분의 제도를 장악하는 예전의 상황과 같은 방향으로 발전해 왔다는 것이다. 근대성modernity은 생산과 소비를 그 핵심 요소로 한다. 이것은 한 사람의 생각에 의해 이루어지거나

* Bernt Hagvet, "Totalitarianisme", *PaxLeksikon*, Vol. 6, Pax, Oslo, 1981, pp. 285~286.

국가가 조절하는 **범죄의 적당한 양**

하나의 기본 계획master plan에 따른 것이 아니다. 비록 국제 교역을 늘리기 위한 많은 활동들이 그런 성격(어떤 계획에 따른 듯한)을 갖는 것처럼 보이더라도 말이다. 어떤 독재자도 돈과 소비가 삶의 목적이라고 말하지는 않는다. 그러나 모두가 그렇게 말한다. 그리고 이것은 대규모 군대 퍼레이드와 같은 커다란 쇼로 되는 것이 아니다. 우리 시대는 아름다운 사람들이 사는 세상이다. 그들이 어떻게 사는지, 그들이 어떻게 현재의 위치에 이르게 되었는지 모두가 안다. 이에 비해 성공을 하지 못했다는 것은 얼마나 부끄러운 일인가. 메시지를 전하는 데에 있어서 오늘날의 시장 산업은 아마도 이전의 전체주의적 독재가 사용한 선전 도구보다 훨씬 더 효율적이다.

2.11 단일한 보상체제의 비용

아직 우리는 몇몇 대안적 가치들, 예를 들어 일부 수도원이나 학자들, 보헤미안 서클, 또는 저항적인 젊은이들의 문화를 가지고 있다. 그러나 지배적인 사고는 생산, 소득, 소비와 같은 경제적 제도 내에서 이루어진다.

　매우 단순화된 보상체제를 가지고 있는 사회에서는 내부적인 문제가 생기게 된다. 다차원적인 사회에서는 금전적 보상이 되지 않는 경우가 있다. 연극 자체를 위해서 연극을 하고 걷기 위해서 강가로 걸어가며, 단지 어울리기 위해서 친구나 친척들을 만난다. 점점 더 많은 활동들의 대가로 돈이 주어짐에 따라 그 자체가 보상인 활동을 할 수 있는 기회가 줄어들고 있다. 게다가 만약 돈이, 결국에는 돈의 사용이 모든 활동의 목적이 된다면, 돈이 없는 삶은 슬프고 공허한 것이 되어 버리고 말 것이다. 그렇지 않은 영역은 거의 남아 있지 않다. 돈이 없다는 것은 그 삶이 실패했다는 분명한 지표가 되었다.

내가 아는 어떤 사람은 13살 때 '나는 더 이상 자라지 않았으면 좋겠다'고 말했다. 아마도 이 말은 어른들의 삶이 특별히 매력적이지는 않다는 뜻이었을 것이다. 달리 말하면 옛날에는 다른 선택의 여지가 없이 쟁기질이나 집안일과 같은 중노동에 시달렸다. 그리고 그들은 자신들의 삶이 선조들의 그것과 똑같을 것이라는 점을 알고 있었다. 반면에 지금 우리는 자유롭게 자신의 운명을 만들어 나간다. 그러나 물론 정반대의 결론에 이를 수도 있다. 즉 옛날 사람들은 밭일이나 가사 노동 이외에도 다른 할 일이 많이 있었지만, 현대의 삶은 돈을 벌고 쓰는 것이 우리의 모든 활동에 대한 지배적인 목적이라는 점에서 제한적인 것이라고 볼 수도 있는 것이다. 돈이 삶의 목적이 되었을 때 우리는 획일적으로 살게 되고, 마치 화강암에서처럼 거기에 갇히게 된다.

국가가 조절하는 **범죄의 적당한 양**

경제적 합리성의 관점에서 보면 고도로 산업화된 사회에서는 사람의 노동력이 별로 필요하지 않다. 기계나 덜 개발된 나라에서 온 노동자들이 더 잘할 수 있다. 우리 가운데 상당수는 잉여인력redundancy이다. 그리고 이 가운데에는 젊은이, 늙은이, 병자들, 자격이 없는 사람들, 유색인종, 문화적 소수자들이 포함되어 있다. 이들에게 보수를 받는 노동은 그림의 떡일 뿐이다. 마찬가지로 열심히 땀 흘린 대가로 번 돈으로 소비할 수도 없다. 이런 조건에 있는 사람들은 심각한 문제에 빠질 수 있다. 이들이 속한 사회도 마찬가지이다.

2.12 빛나는 상파울루

얼마 전에 나는 브라질을 방문했다. 상파울루São Paulo는 이 나라의 경제 중심이며 믿을 수 없을 만큼 부유하고 열정으로 가득 찬 도시이다. 새로운 환경에서 늘 그러듯이, 어떤 현상의 의미를 이해하는 데는 시간이 좀 필요했다. 머지않아 나는 두 개의 진술과 하나의 관찰을 얻게 되었다.

1. 한 아가씨는 차가운 날씨에도 항상 창문을 닫고 에어컨을 컨 채로 운전한다고 했다. 나는 에너지 절약에 대해서 관심

이 부족한 것이 아닌가 하는 생각이 들었다.

2. 다른 하나는 밤중에는 붉은 신호에도 멈추지 않는다는 것이었다. 나는 반사회적anti-social 운전자라고 생각했다.

3. 가난한 나라에서는 보통 주요 도로의 교차로에 젊은 친구들이 모여 있다가 자동차의 창문을 닦아 주면서 커피나 레모네이드, 신문을 팔곤 한다. 그러나 상파울루에서는 이런 일이 없었다.

이상의 것들이 공통으로 나타내는 것은 '범죄에 대한 두려움'이었다. 강도에 대한 두려움 때문에 창문을 닫아야 하므로 에어컨을 작동해야 한다. 교차로에서 서는 것은 위험하므로 차들은 붉은 신호등에도 멈추지 않았다. 차는 서지 않고 창문도 닫혀 있으니 운전자에게 무엇을 파는 것은 불가능했다.

한 동료 교수가 법학 잡지에 싣기 위해 나를 인터뷰했다. 그녀는 재소자의 권리를 보호하는 활동을 하고 있었다. 우연히 그녀는 자신이 최근 몇 년 동안 여덟 차례 강도를 당했다고 말했다. 또 범죄학 교수lecturer인 그녀의 친구는 나를 만나기 며칠 전 다른 종류의 소동을 겪었다고 했다. 그녀는 오래된 차를 가지고 있었고 에어컨이 없었다. 더위를 견디기 위해 그녀는 창문을 연 채로 운전했고, 차가 밀려 서게 되었다. 면도날을 쥔 손이 창문 너머로 들어와 그녀의 목에 닿았다. 강도—여자였다—는 돈을 요구했다. 그때 우리의 범죄학자는 아이들에게 음식을 만들어 주기 위해 집으로 가는 길이었고 더위와 배고픔으로 지쳐 있었다. 그녀는 "그만해요. 그만. 오늘은 더 이상 강도당하고 싶지 않아요"라고 말하면서 차를 움직였다. 면도날을 든 여자는 물러섰고—머리를 흔들며—사라져 버렸다. 매우 부당하게도 그 강도는 예의 없는 피해자를 만난 셈이었다.

다음 날 나는 지방 경찰서에 갔다. 매우 작은 건물이었는데, 바로 옆에는 여러 객실과 좋은 시설을 갖추고 있는 커다란 호텔이 있었다. 경찰서 유치장에는 70명의 남자가 한 방에 수용되어 있었다. 모든 사람이 동시에 앉을 공간이 없었다. 샤워기가 두 개 있었지만 낮 시간에는 쓸 수 없었다. 사람이 너무 많아 일부는 샤워장에도 서 있어야 했기 때문이다. 열기, 냄새, **빽빽함**, 창살 사이로 흔들리는 손들—단테Dante마저도 자신의 눈을 의심할 지경이었다.

시내로 돌아와 보면 어디에나 전기 펜스가 있고 큰 건물의 밖에는 무장한 경비원들이 있었다. 각자는, 이용 가능한 모든 수단을 동원해서, 자신이 가진 것을 지킨다. 아파트가 밀집된 지역에서 상당히 떨어진 언덕 위에는 몇 개의 불빛이 보였다. 이것은 가난한 사람들이 직접 지은 집들이 모여 있는 곳에서 나오는 것이다.

브라질은 스칸디나비아가 아니다. 그러나 우리가 더 많은 잠금장치를 설치할 때마다 스칸디나비아가 조금씩 더 브라질처럼 되어 가는 것은 아닐까?

노르웨이에서는 일 년에 한 번씩 돈을 모으기 위한 커다란 행사가 진행된다. 이것은 난민, 어린이, 에이즈 퇴치, 그 밖에 다른 사회적 불행 등 가장 관심이 높은 사회 어젠다들에 대해 선의로 이루어지는 것이다. 신문, 라디오, TV는 선의를 자극하고, 수천의 사람들이 모금을 위해 가가호호를 방문한다. 최근에 경험이 많은 모금자 몇 명이 라디오 인터뷰를 했는데, 그들은 이제는 (모금이) 더 어려워졌다고 말했다. 사람들이 돈을 덜 내기 때문이 아니라 바로 그 (모금) 계약을 맺기가 어렵기 때문이다. 예전에는 아파트 지역에 들어가 건물 안의 집들 사이를 걸어 다닐 수 있었다. 이제는 거기 사는 누군가를 알지 않으면 건물에 접근할 수조차 없다. 요즘에는 (아파트) 지역의 정문이 거의 항상 잠겨 있다. 모금자는 벨을 누를 수 있지만, 문이 항상 열리는 것은 아니다. 바깥은 위험할 수 있기 때문이다. 이웃은 서로에 대해 책임이 있다.

2.13 범죄 없는 지역

나의 집은 나의 성castle이다. 그 성안에서 사람은 자신을 위한 공간, 즉 전적으로 사적인private 공간을 갖는다.

사적인?

이 단어는 라틴어에 어원이 있다. 'Privare', 즉 박탈하는 것to deprive은 다른 것으로부터 잘려지거나 사회적인 것으로부터 배제되거나 중요한 것으로부터 분리된 상태에 대한 로마식 개념이다.

다시 우리들의 집을 생각해 보자. 바로 아파트apartment는 정확하게 다른 곳으로부터 분리된kept apart 공간을 말한다. 나는 문에 잠금장치가 여러 개 있고 쇠막대가 두 개 달린 집에 초대받은 적이 있다. 집주인도 그 문을 여는 데에 많은 시간이 걸렸다. 어떤 집에는 창문에도 알람—이것은 종종 경찰이나 경비원에게 바로 연결된다—이 부착된 자물쇠가 있다. 그런 집이 팔리기 위해 나오는 이유는 대개 거기 살던 사람이 더 크고 더 경비가 잘된 아파트 지역으로 옮겨 가려 하기 때문이다.

친절하지만 경계하는watchful 여자, 즉 수위la concierge는 라틴의 전통이다. 최근에 그녀는 변했다. 첫째는 남자가 되었고, 다음에는 총을 가진 남자가, 결국에는 구석구석을 볼 수 있는 감시 장비가 있는 조그맣고 무장된armed 탑에 있는 경비원이 되었다.

건물 전체를 둘러싼 안전 구역이 만들어졌다. 그런데 왜 건물 주위만 둘러싸고 있는 것일까? 동네 전체에 펜스가 쳐질 수도 있다. 호화로운gilded 도시, 잃을 것이 많은 사람들의 천국이다. 이제 이러한 도시는 모든 서양 국가에서 성장하고 있다. 출입구에 있는 경비원들은 가장 좋은 자격이나 타당한 이유가 있는 사람들만 접근할 수 있도록 이를 감시한다.

문제는 도시의 중심, 즉 모든 사람을 위한 영역인 공공의 장소에 있다. 여기에는 더 이상한 사람들이 나타날 수 있다. 한 가지해결책은 그러한 장소에 준準사적인semi-private 지위를 인정하는 것이다. 술에 취하지 않은 부랑자가 도심에 접근하는 것을 막을 수는 없지만, 특정한 사람이 쇼핑센터를 소유하고 있다면 통제는 단순해진다. 보텀스Bottoms와 와일스Wiles가 지적한 대로,• 이러한 방식의 통제는 원하지 않는 사람을 막아 줄 수 있다. 하층민들skid row people에게는 신중하게—혹은 별로 신중하지도 않게—들어오지 말라고 말한다. 다른 가능성도 있다. 대표적인 지역에 장벽을 칠 수 있다. 예컨대 로스앤젤레스는 이러한 지역과 슬럼slum 사이에 고속도로를 놓았다. 벤치는 그 위에서 잠을 잘 수

•   Anthony E. Bottoms & Paul Wiles, "Explanations of Crime and Place", *Crime, Policing and Place: Essays in Environmental Criminology*, Routledge, London, 1992, pp. 11~35.

국가가 조절하는 **범죄의 적당한 양**

없거나 오래 앉아 있고 싶지 않도록 만들어진다. 코펜하겐의 주요 기차역은 모든 벤치를 없애 버렸다. 나아가 이제 큰 홀의 바닥에 앉는 것도 금지되었다.

뉴욕에 자동차가 나타났을 때, 이것은 매우 큰 위생의 개선을 의미했다. 예전에 5번가를 걸을 때에는 말과 돼지들의 분변 때문에 장화가 필요했다. 이제 차가 우선권을 차지했고 도시는 다시 건설되었다. 말똥은 사라졌고 돼지우리는 동물이 아니라 빌딩을 위한 비싼 땅이 되었다. 지금도 발전은 계속되고 있다. 이제는, 범죄학자들이 지지하는, 우범지역neighbourhoods where windows are broken에 사는 것을 스스로 선택한 것으로 보이는 모든 사람들에 대한 전쟁 속에서 말이다. 시냇물을 막는 것이 강물을 막는 것보다, 또 강물을 막는 것이 홍수를 막는 것보다 더 쉬운 법이다. 지하철의 소매치기를 잡는 것이 나중에 훨씬 더 심각한 행위를 할지도 모르는 사람을 체포하는 것보다는 분명히 더 쉽다.

———

문에 설치된 자물쇠, 잘 보호된 도시, 우범지대에 사는 사람들에게 일어난 일들은 바로 이 시대에 모든 국가들이 하는 일의 축소판miniature이다. 부자들은 장벽 뒤에 숨음으로써 자신들의 재산을 지킨다. 마찬가지로 부유한 국가들도 영토 밖의 가난한 나라들로부터 그들의 시민을 보호한다. 셍겐 협정Schengen Agreement•이나 그 밖의 다른 제도들은 모든 나라를 잘 보호된 영토로 만들었다.

• 1985년 6월 14일 룩셈부르크의 셍겐에서 유럽 경제 공동체(European Economic Community)의 다섯 나라 사이에 체결된 협정으로, 유럽 내에서 국경 검문이 폐지되는 셍겐 지역(Schengen Area)을 만드는 것을 내용으로 한다. 1990년 이 협정은 국경 통제를 완전히 없애고 공통된 비자정책을 갖는 것을 내용으로 하는 셍겐 조약(Schengen Convention)으로 확대되었고, 지금은 유럽 29개국이 참여하고 있다.

국가가 조절하는 **범죄의 적당한 양**

범죄의 사용 가치

3.1 범죄가 생길 여지가 없는 곳

가끔은 어떤 현상을 만들어 내는 조건을 이해하는 것이, 그 조건이 거기에 없을 때 더 쉬운 경우가 있다. 범죄에 대해서도 마찬가지이다.

나는 내 나라(노르웨이)가 독일에 의해 점령당한 시기에 성장했다. 개인적인 차원에서 나는 그때를 살기 좋았던 시절easy years로 기억한다. 가까운 친척이나 친구 가운데에서는 아무도 전쟁 때문에 살해 혹은 고문을 당하거나 신체적인 피해를 입지 않았다. 우리는 다수파, 즉 점령자에 대해서는 부정적 태도를 가지고 부역자collaborators들은 강하게 경멸하는 세력에 속해 있었다.

이것은 마치 집 안에 적이 있는 것과 같았다. 흑백 또는 천사와 악마로만 이루어진 삶이었다. 공중 버스에는 승객들에게 독일 군인이 앉아 있는 옆자리가 비어 있을 때 거기에 앉지 않는 것은 범죄라는 사실을 안내하는 포스터가 붙어 있었다. 또 저항 운동 resistance movement에 가담하면 사형에 처해진다고 말하는 포스터도 있었다. 라디오는 모두 압수당했고 TV는 아직 없었으며 단지 친독일적인 신문 몇 종류만이 있었다. 잡지도, 극장도, 영화도 없었다. 모든 체육 행사는 금지되었고, 대부분의 선생님들은 나치가 장악한 노동조합에 가입하지 않았다는 이유로 체포되어 노르웨이 북쪽 지방으로 보내졌다. 부역자들에 의한 것 이외에는 어떤 공공 모임도 없었다. 그럼에도 불구하고 전쟁에 대한 내 기억의 대부분은 평화로운 것이다.

말하자면 그때는 사회적 삶이 지배한 시절이었다.

나나 내 친구들은 저항 활동에 같이 하기에는 너무 어렸다. 어슴프레한 기억에 남아 있는 것은 책을 읽었던 것과 다른 친구들과 열심히 놀았던 것뿐이다. 우리는 집이나 길거리에서 만났다. 가로등도 창문에서 나오는 불빛도 없는 가을날 저녁은 매우 어두웠는데, 이것은 영국 비행기가 길을 찾지 못하게 하려 했기 때문이다. 오랫동안 놀다가 친구들과 함께 혹은 혼자서 집으로 걸어 돌아오곤 했다.

국가가 조절하는 **범죄의 적당한 양**

걸어오는 동안 무섭지 않았을까? 전혀 그렇지 않았다. 또 내 남성 친구들뿐만 아니라 여성 친구들도 그렇지 않았을 것이라고 생각한다. 칠흑같이 깜깜한 저녁에 나가는 것을 보고 계셨던 내 부모님도 마찬가지다. 그분들은 "조심해라!"는 말씀도 하지 않으셨다. 두려워할 것은 아무것도 없었다. 독일 군인은 괴물mon-ster이라고들 했지만, 그들은 그들의 일상에서 극단적으로 규율화되어disciplined to the extreme 있었다. 범죄는 발생하지 않았다. 우리는 범죄에 대해 생각해 보지도, 얘기하지도 않았다. 그저 일상의 평범한 것들, 예컨대 사랑과 이성異性 그리고 언제 전쟁이 끝날 것인가 등에 관해 이야기했다. 전통적인 범죄나 일반적인 범죄 상황에 대해서 토론해 본 기억은 없다. 아마도 전쟁이라는 조건하에서 그런 주제를 얘기할 여지가 없었을 것이다. 이미 적이 범죄인이었고, 그들의 행위가 범죄였다. 더 이상의 범죄는 생길 여지가 없었다.

———————

그 시절은 이제 오래되었다. 그러나 아마도 이것이 내가 핀란드를 매우 익숙하게 느끼는 이유의 하나일 것이다. 이 나라에는 지금도 합의가 되지 않는 심각한 이슈가 너무 많아 범죄 문제가 전면에 나오지 않는 것이다.

3.2 커다란 갈등이 지배하는 곳

탐메르포르스Tammerfors는 핀란드의 맨체스터Manchester, 즉 산업이 발달하고 노동력이 모여드는 곳이다. 몇 해 전에 나는 거기에 갔고 시민들이 격렬하게 싸우고 있는 것을 보았다. 만네르헤임 Mannerheim 장군*이 그 중앙에 있었다. 만네르헤임은 핀란드의 영웅이다. 주요 도로의 이름은 그의 이름을 따 붙여졌다. 어디에나 그의 동상이 있다. 말을 탄 만네르헤임, 서 있는 만네르헤임, 군복을 입고 전투 준비를 한 만네르헤임 등. 1939년 소비에트 연합USSR과의 전쟁 그리고 이어진 1940~1944년의 전쟁에서, 그는 핀란드에 명성과 자부심을 안겨 주었다. 이로 인해 모든 마을이 그의 동상을 세운 것이다.

그러나 탐메르포르스는 아니었다.

만네르헤임에게는 다른 역사가 있다. 1918년 핀란드에서 심각한 내전이 벌어진다. 러시아 혁명이 핀란드에까지 전해진 것이

---

* Carl Gustaf Emil Mannerheim, 1867~1951. 핀란드의 장군이자 정치가이다. 1918년 핀란드 내전에서 정부군의 지도자였고 제2차 세계 대전에서 핀란드군 사령관이었으며, 1944~1946년 동안 핀란드의 제6대 대통령을 지냈다.

다. 탐메르포르스는 혁명군의 중심지였고, 반대로 만네르헤임은 정부군의 장군이었다. 정부군은 천천히 탐메르포르스로 진격해 왔고, 전투는 치열했다. 모든 죄수가 처형될 것이라는 소문이 돌았다. 얼마 후 소문은 사실이 된다. 역사가 하이키 일리캉가스 Heikki Ylikangas는 실제 일어난 일을 밝혀내었다.* 결국 탐메르포르스는 무너졌고, 수천의 혁명군이 전투 현장이나 혹은 그 이후에 수용소에서 살해당한 것이다.[1]

그리고 이제 내전 당시의 그것과는 다른 새로운 시 의회는, 적군의 장군인 만네르헤임의 기념물을 세우려고 한다. 이후 합의가 이루어져, 주변의 숲 어딘가에 이것이 만들어졌다.

내가 말하려 하는 것은 핀란드는 내부 갈등이 심한 나라라는—혹은 적어도 예전에는 그랬다—는 점이다. 내전이 공적인 토론의 주제로 등장한 것은 겨우 최근의 일이다. 이제 진실위원회truth commission가 설립되어야 하는지가 논의되고 있지만, 깊은 갈등은 늘 느껴져 왔다. 관광 안내서에는 숲과 호수, 사우나에 대해 적혀 있다. 이것은 모두 사실이고 가 볼 만한 곳들이지만, 헬싱키에 있는 '대교The Long Bridge'를 건널 때, 핀란드 친구는 내게 여기가 한때 혁명군의 수도였던 곳을 방어하기 위해 마지막

• Heikki Ylikangas, *Vägen til Tammerfors: striden mellan röda och vita i finska innbördeskriget 1918*, Söderström, Helsinki, 1995.

저항을 했던 곳이라고 말해 준다.

항구 아래에서 나는 멋진 집을 보고 놀랐다. 여기는 마지막 러시아 총독governor이 살았던 곳이다. 핀란드의 한 애국자가 그를 저격했다. 부두에 떠 있는 작은 배에서 나는 스웨덴어를 하는 농부에게서 야채를 샀다. (스웨덴에 의해) 핀란드가 점령되고 스웨덴의 일부가 된 이래로 그들은 여기에서 살아왔다. 시내로 돌아오는 길에 나는 내 최선의 스웨덴어로 길을 물어보았다. 그러나 그 핀란드 사람은 (대답 없이) 가 버렸다. 아마도 그는 내가 이 나라에 사는 소수의 스웨덴인—그들은 예전의 점령자들이고, 지금도 그들 중 대다수는 여전히 상류층이다—중의 하나라고 생각했을 것이다. 그는 아마도 내가 자신에게 핀란드어로 말해야 했다고 생각할 것이다. 내가 핀란드에 사는 스웨덴인이라면 학교에서 핀란드어를 배웠을 테니까. 만약 내가 노르웨이 사람이어서 그의 언어를 모른다고 말했다면, 틀림없이 그는 공손하게—할 수 있다면—스웨덴어로 아니면 영어나 몸짓으로라도 대답했을 것이다. 여하튼 나는 내 오랜 친구에게 가는 길을 찾아내었다. 그녀는 이제 막 아기를 낳았는데, 카렐리아Karelia라는 이름을 지어 주었다. 이것은 제2차 세계 대전 후에 핀란드가 러시아에 빼앗긴 중요한 지역의 이름이다.

핀란드를 북구에서 가장 좋은 나라로 만든 것은 호수와 사우

국가가 조절하는 **범죄의 적당한 양**

나, 친절만이 아니다. 오래된 갈등의 역사도 한몫을 했다. 그러나 최근에는 이것이 바뀌려 한다는 것을 보여 주는 지표가 있다. 단조로운 획일적 제도를 가진 핀란드가 유럽 공동체European community에서 핵심 국가가 되어 가고 있다. 그러나 몇 년 전만 해도 나는 핀란드의 문화적·정치적 삶의 격렬함을 여러 차례 느낄 수 있었다. 삶과―이와 멀리 떨어져 있지 않은―죽음에 대한 논의가 뜨겁게 벌어졌다. 그들은 자신들의 분열된 역사와 함께 살았고, 최근에도 여전히 문제를 가지고 있었다. 그들은 1930년대에 파시즘의 영향을 경험했고, 전쟁 이후에는 공산당의 세력이 강했다. 급진적인 젊은이들은, 다른 스칸디나비아 국가들에서와 같이, 마오주의자Maoist가 아니라 스탈린주의자 Stalinist가 되었다. 그리고 이후 소련이 해체될 때까지 그들은 외교정책에서 동서의 균형을 유지하려 많은 애를 썼다. 핀란드를 방문하는 것은 여러 종류의 매우 심각한 문제가 늘 뜨겁게 토론되고 있는 나라에 가는 것이었다. 내가 말하고 싶은 요점은 '이것이 범죄가 논의의 중요한 주제가 되지 않는 상황을 만들어 낸다'는 것이다. 물론 범죄는 언제나 관심의 대상이지만, 그러나 이곳에서는 일정한 한계가 있다. 핀란드 사람들은 다른 노르딕 국가들보다도 서로를 더 많이 살해하지만, 그에 대한 논의는 더 적다. 상당히 최근까지 핀란드에서는 마약 문제가 없었다. 범죄로 볼 수 있는 행위들을 어떻게 통제할 것인가에 대한 핀란드의 논의는 다른 노르딕 국가들에서보다 더 냉정하고 침착하다 sober.[2] 최근까지만 해도 핀란드는, 다른 문제가 많을 때에는 범죄가 공적인 담론을 지배하지 못한다는 것을 확인시켜 주었던, 부정적인 사례였다. 우리가 여타의 곳에서 볼 수 있는 범죄에 대한 높은 관심은, 어쩌면 거기에 다른 적절하고 중요한 주제가 없기 때문일 수 있다. 이라크 전쟁은 아마도 짧은 기간 동안이나마 대부분의 서구 나라에서 전통적인 범죄에 대한 관심을 줄이는 역할을 할 것이다.

3.3 약한 나라

대부분의 민족 국가들은 명백히 그 권력이 줄어들어 왔다. 어떤 국가가 거대 자본big capital이 바라는 대로 행동하지 않는다면, 그 자본은 다른 나라로 가 버릴 것이다. 작은 자본little capital도 마찬가지다. 세상에는 언제나, 세금과 모든 사람을 위한 값비싼 사회 서비스에 제한이 있는 천국heaven이 있다. 새로운 부자들은 그러한 서비스가 필요하지 않다. 그들은, 모두를 위한 사회 안전이라는 가치를—이것은 돈 많은 사람들이 그 나라를 떠나거나 또는 떠나겠다고 위협할 때 점점 더 실현하기 어려워지는데—

국가가 조절하는 **범죄의 적당한 양**

여전히 가지고 있는 구식old-fashioned 나라들의 세금 당국으로부터 돌려받은 현금으로 이를 지불할 수 있기 때문이다.

게다가 이런 구식 나라들이 잃을 수 있는 것이 또 있다. 큰 갈등으로 인한 손실이 그것이다. 냉전은 그것이 초래한 모든 불행에도 불구하고─반대 이념을 가진 사람에 대한 억압, 인권을 존중하지 않는 것, 무기와 감시 체계를 위한 돈의 낭비─어떤 국가 행위에는 목적을 부여했다. 그리고 이것은 일부 복지국가에서는 약자들을 보호하는 이로운 결과가 되었다. 서구 나라들에는, 소비에트 연합 세력에 대한 냉전 시기 동안, 자국의 노동자들을 만족시켜야 한다는 생각이 있었다. 그래야 그들이 동쪽으로부터 온 이념에 빠지지 않을 것이기 때문이다. 많은 사람들은 복지 제도를 사회주의의 기능flair을 갖는 것으로 본다. 그러나 이러한 제도들은 냉전 기간 동안 서구의 핵심 지역에서 적극적인 지지를 받았다. 거대한 갈등이 끝나고 전 세계는 하나가 되었다. 그리고 냉전 동안 (사회) 방어 체계의 일부분이었던 노동자의 권리나 사회 안전을 위한 제도들은, 이제 많은 이들에게 경제 성장을 막는 불필요한 장애물로 여겨지게 되었다.

이런 상황에서 새로운 형태의 국가가 나타났다. 강한 국가는 더 이상 문제가 아니다. 강한 것은 세계 시장global market이고 앞으로도 그럴 것이다. 국가는 작아진다. 적당히 약해진 국가가 필요한 것이다. 이러한 생각은 지그문트 바우만Zygmunt Bauman의 저서 《세계화Globalization》로부터 자극을 받은 것이다. 그는 새로운 국가의 새로운 역할에 대해 이렇게 말한다.

국제 금융, 무역 그리고 정보산업은 자신들의 자유로운 이동과 규제받지 않는 이윤 추구를 위해 정치적 파편화political fragmen-tation를 이용한다. 이들 모두는 **약한 국가**, 즉 약하지만 그럼에도 불구하고 **국가로 남아 있는 곳**에서 기득권vested interests을 개발해 왔다고 할 수 있다. ··· 약한, 유사 국가quasi-states들은 어렵지 않게―유용한―법적인 경찰 관할구역precincts으로 축소될 수 있다. 즉 기업 행위에 필요한 약간의 질서를 확보하지만, 세계적 기업의 자유에 대한 효과적인 제어로서 두려워할 정도가 되어서는 안 되는 것이다.＊

3.4 선전장으로서의 범죄 통제

노르웨이 국회는 법적 문제를 처리하는 특별위원회를 두고 있다. 이 중요한 위원회는 범죄 문제도 논의한다. 위원장은 내게

＊ Zygmunt Bauman, *Globalization: The Human Consequences*, Polity Press, Cambridge, 1998, pp. 67~68.

국가가 조절하는 **범죄의 적당한 양**

이 위원회에 참여하는 것은 다른 위원회의 경우와 다르다고 말해 주었다. 그것은 공적인 삶의 한가운데 있게 된다는 것을 의미한다. 전화, 편지, 신문, 라디오, TV 등을 통해 광범위하게 노출되는 새로운 삶이다. 정치인들에게 이것은 어둠의 계곡에서 나와 밝은 햇빛 아래로 가게 된다는 것을 뜻한다.

스웨덴이나 덴마크에서도 마찬가지다. 범죄 문제는 정치적 관심의 주요 대상이 되었다. 이전에는 늘 그렇지는 않았다. 제2차 세계 대전 이후에 '범죄정책crime policy'—혹은 스칸디나비아에서는 *kriminalpolitikk*—이라는 용어는 실제 현실을 전혀 나타내지 못한 것이었다. 정치나 정치인이 아니라 '전문가들'이 (정책을) 결정했다. 그리고 그에 따라 정치인들이 이를 수행했다. 법학자들이 매우 큰 영향력을 가졌다. 1973년까지 노르웨이 법무부장관은 모두 법과대학 출신이었다. 법률가가 아니라면 어떻게 형벌에 대해 자신의 견해를 가지거나 나아가 법적 문제를 다룰 수 있는가? 의원들, 특히 법무위원회의 지도자들도 마찬가지로 법률가에게 많은 도움을 받았다. 노르웨이 의회에서는 한 사람이 20년 동안 법무위원장직을 수행하였다. 그는 여당 소속이 아니었음에도 그렇게 오랫동안 위원장일 수 있었던 이유는 두 가지이다. 첫째, 당시의 법무위원회는 정치적 관심의 주요 대상이 아니었다. 이것은 전문 지식에 기반해서 이루어지는 기술적 작업이라고 여겨졌다. 다시 말해 당시에 법무위원장은 언론의 조명을 받는 자리가 아니었던 것이다. 위원장이 되기 위한 경쟁도 별로 없었다. 게다가 예전 위원장은 점점 더 법조인처럼 되어 갔다. 조금씩 조금씩 그는 법률가처럼 말하고 생각했다. 나중에는 아주 비슷해져서 그가 법률 교육을 받지 않았다는 사실이 문제가 되지 않을 정도였다. 그는 범죄 문제를 정치 영역에서 떨어지게 했고, 반대로 정치도 범죄 문제에서 일정한 거리를 유지하게 했다.

그러나 이 모든 일들은 지나갔고 지금은 그렇지 않다.

이제 적당히suitably 약해진 국가에서 대부분의 정치인들은 법, 특히 형법과 관련이 있는 일을 하고 싶어 한다. 그 이유는 거의 분명하다. 정치인을 전국적으로 정치적 인물political figures로 드러내고 또 정당의 정책 방침을 보여 줄 수 있는 장arena이 범죄 문제 이외에는 거의 남아 있지 않기 때문이다. 삶의 지배적인 목적이 돈이고 대부분의 사람들이 이 목적에 이르는 길은 규제되지 않은 시장경제라고 생각하는 곳, 그런 체제에서 범죄는 정치 영역에 남아 있는 주된 의제가 된다. 여기에서 부유한 소비자 계층과 가치를 공유하는 누군가는 스스로를 표를 받을 만한 사람으로 선전할 수 있게 된다.

거의 모든 나라에서 우리는 자신과 자신의 정당이 일반적으로

국가가 조절하는 **범죄의 적당한 양**

범죄와의 전쟁을 가장 잘 수행할 수 있다고 치열하게 경쟁하는 현상을 볼 수 있다. 빌 클린턴Bill Clinton은 범죄에 적대적인 그의 태도를 통해 이를 보여 주었다. 토니 블레어Tony Blair도 똑같이 했다. 조지 W. 부시George W. Bush도 마찬가지이다―테러리즘에 대해서는 곧 살펴본다. 이것은 개인과 국가가 (범죄에 대해) 더 엄격한 조치를 취하라고 서로 과도하게 경쟁하는 곳에서 볼 수 있는 일반적인 정책이다. 드러낼 수 있는 다른 장은 거의 남아 있지 않다. 범죄라고 정의되는 것 그리고 그에 대한 통제는 매우 중요한 일이 되었다. 적당히 약해진 국가의 관리자들은 (이를 통해) 자신의 가치를 입증한다. 범죄, 아니 범죄에 대한 투쟁은 적당히 약해진 국가에서, 그리고 그런 국가를 위한, 정당성을 창출하는 데 필수적인 요소가 되었다.

스칸디나비아에서는 달랐어야 했다고 생각할 수도 있다. 복지와 약자에 대한 보호가 우리의 전통이기 때문이다.* 과연 다르기는 하고, 그것은 적은 재소자 숫자에 나타나 있다. 대부분의 고도 개발 국가highly industrialized countries에서 일어난 일과 비교하면, 우리 정치인들은 상당한 정도의 자제력을 보여 주었다. 검찰과 법원도 마찬가지이다. 서로를 같은 인간으로 볼 수밖에

- Thomas Mathiesen, *The Defences of the Weak, A Sociological Study of a Norwegian Correctional Institution*, Tavistock, London, 1985.

없는 작은 나라에서 복지와 형벌을 결합하는 것은 쉽지 않은 일이다. 하지만 고통의 전달(즉 형벌)을 약자들을 보호하기 위한 수단으로 본다면, 그것은 가능하다. 이것이 마약 분야에서 일어난 일이다. 노르딕 국가들은 마약과의 전쟁에 억지로 참여했을 뿐만 아니라 그 선두에 서 있어 왔다. 스웨덴에서 이를 가장 뚜렷하게 볼 수 있다.

3.5 복지 서비스로서의 형벌

세계적 수준에서 스웨덴은 정말 복지를 대표한다고 할 만하다. 물려받은 땅에서는 전쟁이나 큰 사고가 없었다. 정치권력political hegemony은 오랫동안 사회민주당에 있었고, 사람들을 서로를 돌보았다.

헨리크 탐Henrik Tham은 예전에 이 점에서 스웨덴의 발전을 매우 견고하게 설립된 복지국가로 묘사했다.* 그는 형벌 문제에 대한 사회민주당의 태도를—처음으로—무관심non-interest이라고 표현했다. 사회민주당은 사회 개혁, 특히 가난한 사람들의 상

---

* Henrik Tham, "Drug Control as a National Project: The Case of Sweden", *Journal of Drug Issues*, Vol. 25, No. 1, 1995, pp. 113~128; Henrik Tham, "Law and Order as a Leftist Project? The Case of Sweden", *Punishment and Society*, Vol. 3, No. 3, 2001, pp. 409~426.

황을 개선하는 데에 관심이 있었다. 이 개혁은 좋은 사회를 만들어 나가는 데 가장 중요한 것이었다. 조금씩 그들은 형벌정책에 관심을 갖게 되었지만, 당시의 개혁 상황에서 특히 형벌체계의 규모를 줄이려 했다. 1970년대에 스웨덴 법무부장관을 지낸 렌나르트 예이예르Lennart Geijer는 스웨덴 전체에서 수용자를 500명 이하로 낮추는 것을 목표로 했다. 당시 재소자는 4천 명이었다. 그러나 그 이후 상황이 바뀌었다. 마약과의 전쟁이 스웨덴에서도 벌어졌고, 이 전쟁의 무기로써 엄격한 형벌에 대한 요구가 증가하였다. 당시 수상이었던 올로프 팔메Olof Palme는 학대에 이를 수 있는 일반적 조건을 개선할 필요가 있다는 점을 지적함으로써 이 요구를 피해 가려고 했지만, 형벌을 요구하는 사람들의 주장은 달랐다. 극좌파는 **룸펜프롤레타리아트**Lumpenproletariat를 노동 계급의 적으로 보는 카를 마르크스Karl Marx의 견해*를 내세웠다. 역시 좌파인 다른 사람들은—마약 중독자들을 치료하는 시설의 노동자들—노동자들의 확립된 전통인 약자와의 연대를 주장했다. 이런 맥락에서 젊은이들은 보호가 필요하고 그들의 목숨이 위험한 상태이므로 형벌 조치를 통해 이를 막아야만 한다는 것이다. 마약이 없는 사회가 공식적인 목표가 되었다. 조금

* 마르크스는 룸펜프롤레타리아트가 일하지 않고 노동 계급과 연대하지도 않는다는 점에서 이들에 대해 매우 부정적인 시각을 가지고 있었다.

씩 조금씩 형벌이 강화되었는데, 반드시 마약에 대해서만도 아니었다. 헨리크 탐이 지적한 대로 지난 20년 동안 구금을 줄이자는 요청으로부터 전쟁 도구에의 요구로 완전히 바뀌게 되는데, 이것은 불가피하게 더 많은 구금으로 이어질 수밖에 없다.

바로 이 시기에 자유주의자들the liberals과 보수주의자들the conservatives 또한 더 엄한 형벌을 주장하면서 이 문제에 뛰어들었다. 이런 일이 있을 것이라고는 예상하지 못했다. 특히 자유주의자들은 오래전부터 개개인과 인권에 관심을 가지고 있는 사람들이다. 헨리크 탐은 이런 전통이 다른 유럽 국가들보다 스웨덴에서 더 약했을 수 있다고 말한다. 왜냐하면 스웨덴에서는 중세의 귀족 영역이 다른 대부분의 유럽 나라들보다 더 오래 남아 있었기 때문이다. 말하자면 스웨덴은 귀족의 지배로부터 곧바로 사회민주주의에 의해 운영되는 사회로 직행하였다. 자유주의적 전통은 별로 강한 지지를 얻지 못했다.

아마도 그럴 것이다. 스웨덴, 그리고 노르웨이도 어느 정도는, 마약과의 전쟁에 특히 적극적이다. 이것은 사회민주주의적 전통에 크게 어긋나는 것이다. 마약에 대한 엄한 형벌이 복지와 약자의 보호라는 생각에 근거하고 있다는 점은 의심의 여지가 없다. 그러나 최종 결과는 그들이 보호하고자 했던 상당한 수의 사람들에게 상처를 주는 것이 될 수 있다. 탐이 편집한 최근의

국가가 조절하는 **범죄의 적당한 양**

보고서*에서 7명의 연구자들은, 마약과의 전쟁에서 스웨덴이 커다란 비용을 치렀다는 데에 동의한다. 필자 중의 한 명인 마르쿠스 하일리히Markus Heilig는 다음과 같이 썼다.

> 스웨덴 사람들은 대개 스웨덴이 마약정책과 (중독자) 치료에 있어서 진보적인 나라를 대표한다고 믿는다. 거리의 실제 상황은 다르다. 그리고 연구자이자 의사, 그리고 한 인간인 나의 입장에서 이 정책은 도저히 참을 수 없는 것이다.**

하일리히는 문서로 잘 정리된 효과적인 치료법을 이용할 수 있지만, 이념적인 이유로 헤로인에 중독된 환자의 대다수에게는 이것이 적용되지 않는다고 말한다. 같은 보고서에서 렌케Lenke와 올슨Olsson은 복지국가의 체면을 구기는 사망자 수를 정리해서 나타내고 있다. 또 탐과 트래스크만Träskman은 마약범에 대한 형벌이 통상적인 기준과 전혀 맞지 않음을 보여 준다.[3]

마약과의 전쟁에서 흥미로운 동맹이 스웨덴과 미국 사이에 맺어졌다. 스웨덴은 복지라는 구실alibi을 제공한다. 다시 말해 스웨덴이 이 전쟁에 적극적으로 참여하고 여기에 쓰이는 수단을

- Henrik Tham, *Forskare om narkotikapolitiken*, Stockholm, 2003.
- ibid., p. 41. (지은이의 번역)

제한하자는 주장에 반대하는 한, 이 전쟁은 괜찮은 것이다. 복지를 위한 전쟁이기 때문이다. 스웨덴은 전쟁을 정당화하고 미국은 힘을 제공한다. 먼저 콜롬비아나 아프가니스탄과 같은— 이 나라들에서 아편 생산은 이제 예전 수준으로 돌아갔다—외국 영토에서 직접 싸우거나, 아니면 마약과의 전쟁에 소극적인 나라들에 대한 경제적 압력을 통해서 외국에서의 힘을 행사한다. 물론 엄청난 미국 교도소의 수용 인구가 보여 주는 것처럼 국내에서의 힘도 사용한다. 또 이 두 나라는 연합하여, 국제연합UN이 수행하는 마약정책에 매우 큰 비용을 부담하고 있다.[4] 이를 통해 이 전쟁이 이루어지는 방식에 막대한 영향력을 미치게 된다.

마약과의 전쟁은 높은 가치를 실현하는 과정에서 이루어진다. 이런 목적을 위해 어떤 사회에서, 이에 대해서는 통상 구금이 이루어지는, 그러한 영역을 통제하는 데에는 사실 오랜 시간이 걸린다. 이것은 교도소 인구를 보면 알 수 있다. 노르웨이와 스웨덴의 재소자 가운데 절반 가까이가 마약의 사용이나 판매와 관련되어 있다. 대체로 그들은 이미 교도소에 수용된 사람들과 같은 특징을 갖고 있다. 그들은 항상 우리 교도소에 있었던 전통적인 최하층lower-lower 계급과 비슷하다. 이제 그들은 또 한 가지, 마약과 연결된다는 속성을 갖게 된 것이다.

98
국가가 조절하는 범죄의 적당한 양

3.6 매우 쓸모 있는 마피아

친절하고 평화로운 적은 좋은 적이 아니다. 적이란 악하고 위험한 대상이어야 한다. 그리고 강해야 한다. (적과의) 전쟁에서 돌아온 영웅에게 명예와 존경을 보낼 수 있을 만큼 충분히 강해야 한다. 그러나 영웅이 돌아오지 못할 정도로 강하면 안 된다. 적의 모습은 전쟁을 준비하는 데 중요한 요소이다. 이런 맥락에서 사용 가치가 높은 개념은 예컨대 '마피아'나 '조직범죄Organized Crime'와 같은 것이다. 특별히 이들이 정확하게 정의되지 않는다는 점은 이 개념들을 대부분의 악한 세력에 대한 구호slogan로서 유용하게 쓰도록 해 준다. 이들은 적당히 약해진 국가에 의해 수행되는 전쟁에서 쓸모 있는 용어들이다.

핀란드 헬싱키에서 러시아 상트페테르부르크까지는 기차로 몇 시간밖에 걸리지 않는다. 핀란드 세관 공무원은 정중하고 예의 바르며, 러시아 공무원도 마찬가지이다. 러시아로 가는 길에서 기차가 처음으로 서는 곳은 마치 궁전처럼 지어진 비보르Viborg 역이다. 차르Tsar가 그의 핀란드 지방 봉토를 오갈 때 여기에서

휴식을 취했을 것이니, 그럴 만도 하다. 상트페테르부르크에 도착하기 바로 전에 기차는 크레스티Kresty를 지난다. 그것은 교차로cross를 뜻하고, 실제 그런 기능을 하고 있다. 거기에는 상트페테르부르크 지방 교도소가 있는데, 이것은 안나 아흐마토바Anna Achmatova, 1889~1966 이래로 유명해졌다. 그녀는 이 교도소와 그 안에 수용된 사람들에 대한 시를 썼는데, 그들 가운데에는 그녀의 아들도 있었다. 오늘날 이 교도소는 유럽에서 가장 열악한 곳 가운데 하나인데, 수용 정원이 2~3천 명인 데 비해 현재 약 9천 명이 구금되어 있다.

────────

상트페테르부르크는 러시아의 보석이면서 감옥dungeon이다. 귀족들을 만족시키고 제국의 힘을 보여 주기 위해 지어진 터라, 놀라운 예술 작품과 건축물로 가득하다. 동시에—관광 안내 책자나 경찰의 경고문, 그리고 몇몇 범죄학 보고서에 의하면—범죄에 잠식되어 있다. 그리고 이런 부정적인 지표는 지금까지 내내 상승해 온 것으로 보인다. 살인, 중상해, 절도 등의 범죄들은 러시아 전역에서 증가하고 있지만, 특히 모스크바와 상트페테르부르크에서 그렇다. 그 배후에는 모두 마피아가 있다. 이것으로도

국가가 조절하는 **범죄의 적당한 양**

충분하지 않으면 조직범죄가 등장한다. 러시아에 갈 때마다 이러한 것들이 안내된다. 그러면 모든 것이 설명된다.

여기까지는 아주 나쁘다.

그러나 다른 시각을 갖는 것도 가능하다. 스칸디나비아에서 이 분야의 중요한 연구자는 요한 백크만Johan Bäckman이다. 최근에 발간된 책 《러시아에서 범죄의 증가The Inflation of Crime in Russia》*에 수록된 몇 편의 논문에서 그는 마피아 이미지의 유용성을 설명한다. 여기에는 러시아 내부에서의 쓸모뿐만 아니라 외부에서의 그것도 포함된다. 〈실재의 구성으로서의 러시아 장르The Russia-Genre as a Construction of Reality〉라고 이름 붙인 장chapter에서 그는 서양의 문헌, 특히 영화에서 마피아라는 주제의 쓰임새를 지적한다.

> 러시아 장르는 이윤율이 아주 높은 산업이다. 예를 들어 1995년의 〈골든 아이Golden Eye〉는 6천만 미국 달러의 예산을 들여 전 세계적으로 3억 5천만 미국 달러의 이윤을 얻어냈다. 1990년대 러시아 장르 영화의 이윤은 미국에서만 적어도 10억 미국 달러

• Johan Bäckman, *The Inflation of Crime in Russia: The Social Danger of the Emerging Markets*, National Research Institute of Legal Policy, Helsinki, 1998.

에 이르고, 세계적으로는 2~30억 달러에 달할 것으로 추정된다. 1980년대 이후 이 액수는 두 배가 되었다.

1997년 인터넷 영화 데이터베이스the Internet Movie Database로부터 계산된 추정치는 대중 문학이나 언론과 같은 모든 매체의 러시아 장르를 포함한 것이 아니다.

러시아에서는 조직범죄에 대한 스토리를 말하는 것이 마피아 활동 그 자체보다도 더 많은 이윤을 내는 것은 아닌지 의심스럽다.

러시아 마피아의 이미지는 서구의 일반 대중들에게 잘 팔린다. 그러나 이것은 또한 정치적으로도 유용하다. 마피아 이미지는 정치인들에 의해 많이 사용된다. 미국 의회에서는 이 문제에 대해 여러 차례 청문회를 열었다. 냉전 시대의 오래된 적의 모습은 사라져 버리고, 냉정하고 강하며 예측 불가능하고 따라서 특별히 위험한 러시아 마피아가 나타났다. 마피아가 러시아를 운영한다면, 이 나라는 신뢰받을 수 없을 것이다. 러시아 문화를 좋아하지만 러시아의 현실에 대해 날카로운 비평가이기도 한 영국의 범죄학자 퍼트리샤 롤린슨Patricia Rawlinson은 다음과 같이 말한다.

비록 1970년대 이후 범죄학자들에게 신뢰받지는 못했지만, 이

국가가 조절하는 **범죄의 적당한 양**

'마피아'라는 대중적 개념은 예전 소련의 외부에서 러시아 조직 범죄가 출현하고 번창함에 따라 그 생명이 더 연장되었다. 이미 냉전적 수사Cold War rhetoric 및 자본주의와 공산주의라는 단순한 이분법적 관점에 친숙한 언론은 러시아 '마피아'에 대해 마찬가지의 편향되고 단순한 해석을 제공하고 이 세력이 커짐에 따라 나타나는 실제 위험에 대한 판단을 흐리게, 따라서 더 커지게 할 위험이 있다.*

또 롤린슨은 언론이 어떻게 '마피아 유형'의 극화된dramatized 모습을 보여 주려 애쓰는지를 설명한다.

러시아 (조직) 폭력배와의 인터뷰에 대한 수요는 공급보다 훨씬 많고, 그래서 새로운 산업이 생겨났다. 낮은 지위의 조직원 또 심지어 '범죄자가 아닌' 사람이 높은 보수를 받고 언론인들에게 '그들'의 역할을 한다.**

그러나 이미 말한 대로, 러시아 내부에서도 마피아에 계속 관심을 보인다. 백크만은 이에 대해 몇 가지 설명을 한다. 그 하나는

* Patricia Rawlinson, "Mafia, Media and Myth", *The Howard Journal*, Vol. 37, No. 4, 1998, p. 346.
** ibid., pp. 354~355.

러시아에서 사는 것이 쉽지 않다는 것이다. 생활 조건은 (정부에 의해) 약속된 속도로 변화하지 않았다. 이때 마피아는 편리한 구실이 된다. 또 백크만이 '우쭐해진inflated 마피아'라고 부르는 현상이 있다. 이 나라는 70년 동안 사적 이윤을 추구하는 것은 범죄라는 이념하에 살았다. 그런데 갑자기 같은 행위가 자본주의에 다가가는 러시아에서는 권장하는 행위model behaviour가 되었다. 당연히 어떤 양면성ambivalence이 생기고, 성공한 사람들 가운데 일부에게는 다른 이름이 주어진다. 게다가 러시아의 전통적인 인간적인personalized 관계가 있다고 백크만은 말한다. 도움이 필요할 때, 러시아 사람들은 친구나 혹은 친구의 친구에게로 달려간다. 사업을 할 때도, 관청과의 관계에서도 마찬가지이다. 이것은 특권화된privileged 관계의 밀접한 연결망으로 볼 수 있고, '마피아 같은 행동'이라는 이름을 얻는다. 그러나 이것은 반드시 계약에만 의하지 않는, 신뢰에 기반한 체계라고 할 수도 있다. 과거의 전체주의 그리고 지금의 약해진 국가에서 인간적인 관계는 불안전insecurity에 대한 합리적인 대응이다. 그러나 동시에 이것은 불공정한 특권이 생길 여지를 만들고, 이에 대해 신뢰망의 바깥에 있는 사람들이 느끼는 분노는 쉽게 이해할 만하다. 여기에서 다시 마피아는 쉽게 이용될 수 있는 용어가 된다.

또한 마피아의 이미지는 러시아의 공공기관에게도 매우 유용

국가가 조절하는 **범죄의 적당한 양**

한 도구이다. 그들은 권력을 내무부the Ministry of the Interior, 특히 경찰의 여러 부서에게로 되돌려 놓았다. 최근까지 러시아는 경찰들의 천국이었다. 경찰은 모든 사람의 거주지를 알고 있었다. 그리고 사람들이 사는 곳에는 그들이 있었다. 일반 사람들은 (마음대로) 이주할 수 없었다. 농부들은 1861년까지 농노bondage로서 속박받는 삶을 살았다. 그러나 실제로는 모든 러시아 사람들이 1932년부터 상당히 최근까지 그렇게 살았다. 셸리Shelly가 예전 논문에서 설명한 대로, 체제는 여전히 다음과 같이 작동하였다.

> 여권을 통한 규제와 거주정책은 모든 소련 시민들의 삶을 지배한다. … 국내 여권은 거주지뿐만 아니라 이동도 통제한다. (여행을 하려면) 비행기 표나 장거리 기차표 그리고 호텔 방을 사 두어야만 한다. 여권이 없는 사람은 오직 지방 여행만 할 수 있을 뿐이다. *

마피아라는 관념이 있으면, 이러한 형태의 통제를 유지하기가 더 쉽다.

* Louise Shelly, "The Geography of Soviet Criminality", *American Sociological Review*, Vol. 45, 1980, p. 113.

3.7 무기로서의 말

내가 마피아가 없다고 주장하고 있는가?

그렇지 않다. 나는 길린스키Gilinsky의 주장—마피아는 최악으로 정의된 개념이다*—에 동의한다고 말할 뿐이다. 그리고 바로 이 느슨한 정의 때문에 마피아라는 개념은 러시아 밖에서는 외교부와 영화산업을 위해, 또 러시아 내부에서는 내무부와 불만에 찬 시민들에 대해 매우 유용하게 사용되었던 것이다.

그러나 이렇게 많은 목적을 가진 도구는 바로 그러한 이유로 다음과 같은 질문에 답할 수가 없다. 러시아에서 마피아가 많은 활동을 하는가? 이것이 증가하고 있는가? 앞으로는 어떻게 될 것 같은가? 마피아는 개념을 이용한 무기이다. 우리는 어떤 개념이 사용되는 방식을 관찰함으로써 사회적 삶을 더 많이 이해할 수 있게 된다. 그러나 범죄 개념과 마찬가지로 마피아라는 개념은 사회에서 바람직하지 않은unwanted 행동이 빈번해지는 현상 그리고 그 조건을 이해하는 데 도움을 주지 못한다.

다른 나라들에서처럼 러시아에서도 분명히 한탄할 만한 행위, 끔찍한 행위, 또는 명백히 국내법이나 국제법에 어긋나는 행위

* Yakov Gilinsky, "Organized Crime in Russia: Theory and Practice", *Security Journal*, Vol. 9, 1997, pp. 165~169.

가 종종 한 명 이상의 사람에 의해 행해진다. 이러한 행위들은 때로는 많은 사람들에 의해, 또 때로는 같은 나이나 성, 국적, 민족인 사람들에 의해 자행되기도 하고, 위계질서가 있거나 내부 통제가 가능한 조직 혹은 한 지역 내에서 독점권을 주장하거나 간섭받지 않는 권위를 행사하는 조직에 의해 행해지기도 하며, 상대방이나 희생자를 살해하는 데 이르기도 한다. 그러나 이 모든 경우를 살펴보아도 해결되지 않는 심각한 분류classification의 문제가 있다. 이들 가운데 대체 어떤 것들이 '마피아' 또는 '조직범죄'라는 낙인을 받을 만한가?

- 그러한 성격을 부여하는 조직적 특징은 규모, 위계질서, 내부 통제, 영역의 형태—국내 또는 국제적인—등이다.
- 어떤 조직은 그들의 모든 활동에서 한탄스러운 행동을 할 것이고, 다른 조직은 대부분의 경우, 또 다른 조직은 어쩌다가 가끔 그럴 것이며, 그런 행동을 거의 하지 않는 조직도 있을 것이다. 그렇다면 다시 '어느 정도의 활동 수준이 마피아 조직 또는 범죄조직이라고 불릴 만한 것인가' 하는 질문이 제기된다.
- 어떤 조직은 시간이 지나면서 불법 활동이 줄어든다. 이 경우 마피아조직에서 일반적인 사업체가 되는 것은 어떤 지점에서

인가?

호킨스Hawkins는 조직범죄와 신God을 비교했다.[*] 이 둘은 '그 존재를 부정할 수 없다'는 공통점이 있다. 나는 여기에 한 가지를 덧붙이고 싶다. '이들은 여러 가지 목적에 따라 사용되거나 또는 잘못 사용될 수 있다.'

————————

명백히 설명되고 측정되며 또 다른 것과 비교될 수 있다는 의미에서, 잘 정의된well-defined 현상으로서 마피아는 존재하지 않는다. 그러나 나는 그 구성원 혹은 그들과 매우 가까운 사람들을 만난 적이 있다. 그들은 위험해 보였다. 그리고 그들은 그렇게 보이기를 바란다.

3.8 문화적 산물로서의 마피아

나는 이들을 최근에 발트해Baltic Sea에서 가까운 좁은 도로에서

* Gordon Hawkins, "God and the Mafia", *The Public Interest*, Vol. 14, 1969, pp. 24~51.

국가가 조절하는 **범죄의 적당한 양**

만났다. 그들의 멋진 차가 세워져 있었고, 우리의 낡은 버스는 지나갈 수가 없었다. 그들은 남들을 자극하는 학습된 느린 속도로 차에 춤추듯이 돌아와 어렵사리 차의 문을 닫았고, 그제야 우리 차는 지나갈 수 있었다. 가까운 호화 레스토랑에서 그들을 다시 보았다. 최신식 포르셰가 다른 차들과 같이 나타났다. 당연히 이들 모두는 이중 주차를 했다. 멋지게 차려입은 거구의 남자 몇 명이 차에서 내렸다. 그러나 단연 돋보인 것은 같이 내린 늘씬한 여성들이었다. 그들이 걸친 비단, 가죽, 장신구들은 그들의 몸짓과 어우러져 교만하고 도발적인 분위기를 뿜어냈다.

오랫동안 나는 이것을 나쁜 태도, 그러니까 졸부들nouveau riche의 그것이라고 생각했다. 그러나 나는 요안 노이베르거Joan Neuberger를 생각하게 되었다.

요안 노이베르거는 난폭성Hooliganism에 대한 멋진 책, 《1900~1914년 상트페테르부르크에서의 범죄, 문화 그리고 권력Crime, Culture and Power in St Petersburg 1900~1914》을 썼다.* 훌리거니즘은 18세기 말에 러시아에 전래된 용어이고, 이후 큰 변화 없이 사용되었다. 저자는 1913년의 신문기사를 인용하면서 그녀의 책을 시작한다.

- Joan Neuberger, *Hooliganism: Crime, Culture and Power in St Petersburg 1900-1914*, University of California Press, Berkeley, 1993.

끔찍한 상황이 우리 도시를 뒤덮고 있다. 훌리거니즘의 이름으로 우리 사회의 안전을 위협한다. 거리에서는 악의적인 폭행, 주먹다짐, 칼부림, 역겨운 악행, 이유 없는 만취 등이 벌어지고 있다. 그리고 이런 행위들은 성인 남성뿐만 아니라 여성이나 아이들에 의해서도 행해진다.

그리고 요안 노이베르거는 자신의 (책) 서문에서 아래와 같이 말한다.

이 책에서는 여러 종류의 범죄들이 하나로 뭉쳐 다루어진다. 왜냐하면 이 범죄들은 잡범들petty criminals 사이에서 그리고 나중에는 하층 계급 사람들 사이에서 일반적으로 새로운 도전적 정신을 드러내는 것으로 보이기 때문이다. 훌리건들은 거리에서 … 그들보다 사회적·경제적으로 우위에 있는 모범적인 행인들을 조롱하고 협박하는 등 새로운 종류의 권력을 만들어 내고 있다. 이들은 권력기관에 직접 도전하지는 않았지만, 일상에 존재하는 위계질서에 도전하기 위해 공공연하고 상징적인 행위들을 이용했다. 이들은 확립된 형태의 사회적 권위를 공개적으로 위협했을 뿐만 아니라 새로운 러시아의 대도시에서 나타나고 있는, 하지만 아직 분명히 드러나지는 않은 적대감, 공포, 불안감

등을 일깨울 수 있는 내면 깊숙한 곳에 도달했다.*

홀리거니즘이라는 개념과 마찬가지로 마피아도 서양에서 도입되어 곧바로 서양의 방식대로 사용된 개념이다. 새로운 개념은 새로운 역할을 한다. 아마도 처음에는 어떤 행위들이 발생하기 시작했을 것이다. 그다음에 그것은 개념이 된다. 그리고 더 많은 사람들이 이 개념에 맞춰 묘사하기 시작한다. 이제 천천히 이것은 그 행위에 대해 더 발전된 설명과 함께 하나의 역할을 한다.

노이베르거에 영향을 받아서 우리는 조금 더 나아갈 수 있다. 일종의 메시지로서 졸부들이 자신들의 태도를 통해 말하려고 하는 것을 찾아내야만 한다. 홀리거니즘은 저항, 그러니까 경찰, 범죄학자, 사회 봉사자들social workers이 그토록 없애려 했던 저항이었다. 이 새롭고 매우 화려한 젊은이들은 서양의 그래피티 화가들 가운데 좀 더 앞서 나간 사람들과 기능적으로 같은 역할을 한다고 말할 수 있다. 서양의 그래피티는 지배적인 문화에 대한 부정—도덕적으로뿐만 아니라 미학적으로도—이라고 할 수 있다. 기호와 상징은 현실의 권력적 측면을 나타낸다. 시청의 벽이나 성당의 문에 그려진 그래피티는 하나의 반격, 즉 세상에 대

* ibid., p. 2.

한 또 다른 해석을 하기 위한 시도로 볼 수 있다.* 러시아는 70년 동안 공식적 이데올로기인 청교도 노동 윤리하에서 살아왔다. 스타하노프Stakhanov 노동자는 이상ideal이었다. 이 이상은 많은 사람들의 정신에 깊게 각인되어 있다. 이제 우리는 그것을 부순다. 그리고 포르셰를 몰고 어디든 간다.

그러나 다시 이러한 행동을 통해서 그들은 자신들이 깎아내린 이상을 강화하고, 국가를 강화한다.

백크만의 도움을 받아 나는 마피아 개념의 쓸모를 지적했다. 이 것은 이례적인 것anomalies을 '설명하고', 국가에 더 많은 권력을 부여한다. 그러나 이 개념과 그것이 전제하는 현실은 비용도 치러야 한다.

특히 혼란스러운 모든 마피아 이야기는 살인이나 절도와 같은 바람직하지 않은 행위의 빈도가 러시아에서 특별히 높다는 일반적인 인상을 만들어 낸다. 간단히 말해서 서양보다 러시아

---

* Torbjørn Skardhamar, *Grafitti-estetikk og kulturell motstand, Institutt for kriminologi*, Universitetet i Oslo, Stensilserien No. 90, 1998; Cecilie Høigård, *Gategallerier*, Pax, Oslo, 2002.

에서 이런 종류의 바람직하지 않은 행위가 더 많이 벌어진다는 것이다.

그러나 이것은 사실이 아닌가?

이용 가능한 정보를 해석하는 것은 쉽지 않다. 내 일반적인 인상은—이것은 단지 인상일 뿐이다—개인 간 폭력의 수준은 러시아가 서유럽보다 더 높지만, 미국이나 남미와 비교하면 그렇지 않다는 것이다. 하지만 폭력의 내용은 서유럽의 경우와 매우 비슷하다. 대부분 가족 내 또는 술집 안팎에서 벌어지고 술에 취한 상태에서 행해진다. 폭력은 비참한 생활 조건에 기인하고 과도하게 술을 마시는 문화적 전통과도 관련이 있다. 카우코 아로마Kauko Aromaa와 안드리 아벤Andri Ahven은 똑같은 상황을 에스토니아에서 발견한다.● 대부분의 살인은 가족 사이에 벌어진다. 마피아가 하는 것이 아닌 것이다.

절도나 강도와 같은 행위들도 증가하는 추세이다. 관광객들은 부유해 보이는 탓에 특히 매력적인 대상이 된다. 서서히 러시아는 보통의 계급 분할적인class-divided 나라가 되어 가고 있고, 그러한 유형의 사회가 갖는 문제도 나타나고 있다. 그러나 개인적

● Kauko Aromaa & Andri Ahven, *Victims of Crime in a Time of Change: Estonia 1993 and 1995*, National Research Institute of Legal Policy, Research Communications, Helsinki, 1995.

제3장 범죄의 사용 가치

인 관찰이나 러시아나 스칸디나비아 친구들 또는 러시아를 방문한 학자들과 토론해 보면 러시아의 상황이 서양 나라들과 크게 다르다고는 생각되지 않는다. 아로마Aromma와 레티Lehti의 연구는 이를 더 분명히 확인해 준다.*

혹자는 이러한 말들이 언론에 나오는 모습과 크게 다르다고 할 수 있을 것이다. 내가 이웃 나라에 대해 지나치게 친절한가? 내가 문제를 감추는 것인가? 여기서 말한 것들은 언론 보도와 일치하지 않는다. 러시아 사람들이 위험한 것인가?

적어도 핀란드에 오는 러시아인들은 그렇지 않다. 매년 100만 명의 러시아인이 핀란드를 찾는다. 백크만은 1998년에 열린 연례 노르딕 연구 세미나에서 이러한 방문의 결과에 대한 몇 가지 뉴스를 말해 주었다.

러시아에서 오는 매년 100만 명의 방문객에도 불구하고,[5] 범죄와 유죄 판결에 대한 통계는 매해 범죄 혐의자와 유죄 확정자의 단지 1%만이 러시아 시민임을 보여 준다. 러시아 사람들에 의해 범해지는 범죄의 대부분은 교통사고 혹은 경미한 절도 범죄이다. … 1996년에는 핀란드에서 세 명의 러시아인과 네 명의

* Kauko Aromaa & Martti Lehti, *The Security of Finnish Companies in St. Petersburg*, National Research Institute of Legal Policy, Helsinki, 1995.

스웨덴인이 살인 사건의 혐의를 받았는데, 같은 혐의를 받은 핀란드인의 수는 500명이 넘었다. … 3,200명의 수형자 가운데 단 6명만이 러시아 시민이다.*

핀란드 도로를 통과하는 러시아 운전자의 수가 급격히 증가했음에도 불구하고,[6] 이것이 예견된 대량의 사고 발생으로 이어지지는 않았다. 1997년에 핀란드에서 400명 이상의 사람이 교통사고로 사망하였는데, 그 가운데 러시아 운전자로 인한 사망자 수는 9명에 불과했다.

3.9 이해를 가로막는 것

마피아 개념의 문제는 2003년 초 다시 드러났다. 이번에는 구유고슬라비아 베오그라드에서였다. 조란 진딕Zoran Djindic 총리가 마피아에 의해 총격당했다는 보도가 나왔고, 마피아와의 전쟁을 요구하는 목소리가 높아졌다.

유고슬라비아의 최근 개발의 역사는 잊혀졌다. 국경을 넘나드

---

* Johan Bäckman, *The Inflation of Crime in Russia*, Presentation in a seminar organized by Scandinavian Research Council for Criminology, Espo, Finland, 1998.

는 많은 양의 밀수 때문에 이 나라는 오랫동안 국제적으로 봉쇄되었었다. 그런데 그러한 행위는 국가가 승인한 것이었다. 왜냐하면 이것이 유고슬라비아 사람들의 삶을 가능하게 했기 때문이다. 밀수꾼들은 이윤을 남겼고, 이것은 정치적 상황에 비추어 불가피한 것으로 여겨졌다. 이것이 이러한 사람들이 영웅으로 여겨졌다거나 위엄 있게 행동했다는 뜻은 아니다. 이러한 지하경제에 대해서는 국가의 공적 기구들이 그 내부의 갈등을 다룰 수가 없다. 내적인 갈등이 폭발하고 폭력이 난무하게 된다. 외부 조건이 변화하면 상황은 특히 복잡해진다. 북아일랜드에서처럼 약간의 평화가 찾아올 수도 있고, 유고슬라비아에서처럼 봉쇄가 끝날 수도 있다. 국가가 다시 등장하여 예전에는 중요했던, 그러나 지금은 불법인 행위를 통제하려 시도한다. 조란 진딕 총리에게도 한때는 밀수꾼들이 중요했었다. 그러나 이후에는 그들을 정상적인 사회로 돌려보낼 필요가 있었다.

이를 위해서는 몇 가지 방법이 가능하다. 하나는 이들이 과거의 어느 시점에서 국가의 생존을 위해 중요한 역할을 했다는 사실을 인정하고 그 업적에 대한 공로로 그들의 잘못을 사면해 주는 것이다. 실패할 가능성도 있지만 이것은 그들과 그들의 재능을 천천히 정상적인 사회로 돌려놓을 수 있을 것이다. 그러나 많은 사람들은, 정당한 이유로, 그들을 증오할 수 있다. 또 종종

국가가 조절하는 범죄의 적당한 양

그들은 특정한 정치 집단과 연결된다. 바로 여기에서 마피아 개념이 등장한다. 그리고 이러한 개념이 붙게 되면 그들에 대한 전쟁 단계로 가게 된다. 마피아는 정적political opponents보다도 더 좋은 대상이다. 개념의 선택은 현상의 이해에 영향을 주고, 그럼으로써 그에 대처하는 방법이 달라지는 것이다.

3.10 테러

'마피아'가 국가의 목적에 유용한 유일한 개념은 아니다. '테러리스트' 개념도 있는데, 이것은 체첸Chechnya에서 벌어진 전쟁에서 잘 나타난다. 여기에서 적들enemies은 군인이 아니고 자유를 쟁취하기 위한 투사나 종교적 절대주의자도 아니며, 단순히 테러리스트들이다. 모스크바 인권기구the Institute for Human Rights in Moscow의 대표이며 러시아 국가 의회the Russian State Duma 의원인 세르게이 코발레프Sergei Kovalev는 다음과 같이 말한다.

러시아 정치인들이 새로운 언어를―범죄인 세계의 은어―쓰기 시작했다. ··· 예전 용어는 완전히 새로운 의미를 갖게 되었다. '테러리스트'라는 단어는 정치적 살인을 목적으로 하는 범죄 집단에 속한 사람을 뜻하지 않는다. 이제 이 단어는 '무장한 체첸 사람'을 의미하게 되었다. 체첸에서 나온 군사 보고서는 '3천 명의 테러리스트 집단이 구데르메스Gudermes에서 포위되었 다'라거나 '2천5백 명의 테러리스트들이 샬리Shali에서 제거되었 다'라고 말한다. 나아가 전쟁 자체가 '러시아 군대의 반테러리스 트 특별 작전'으로 불리게 되었다. *

이 모든 상황은 모스크바에 있는 체첸 혈통을 가진 것으로 의심 되는 모든 사람들에 대한 극단적인 경찰 감시로 이어졌다. 또한 이것은 블라디미르 푸틴Vladimir Putin을 러시아 최고 권력으로 밀 어 올렸고, 코발레프에 따르면, 아마도 러시아를 형식적 성격의 민주주의를 보존하고 있으나 동시에 시장경제로의 개혁을 추구 하는 권위주의적 경찰체제로 이끌 것이다.

─────────

나는 이상의 내용을 2001년 9월 11일 이전에 썼다. 그리고 그날 이후 이것은 계속 논쟁거리가 되었다.

---

* Sergei Kovalev, "Putin's War", *The New York Review of Books*, 10 February, 2000, Vol. XLVII, No. 2, pp. 4~8.

국가가 조절하는 **범죄의 적당한 양**

3.11 트롤[*]

9월 11일에 많은 것들이 바뀌었다. 납치당한 세 비행기를 우리가 알고 있거나 그 안에서 최후의 몇 분 동안 일어났을 일에 대한 상상 때문은 아니다. 또 붕괴되어 버린 뉴욕의 두 빌딩이나 사망한 4천 명의 사람들 때문도 아니다. 너무 잔인해서인가? 그렇다. 하지만 우리의 비인간적 역사에 비하면 특별한 것도 아니다. 제1·2차 세계 대전이나 아우슈비츠, 히로시마와 나가사키, 드레스덴, 굴락, 베트남, 캄보디아에 비하면 아무것도 아니다.

그렇다면 왜인가?

그 테러는 뉴욕이나 미국만을 향한 것이 아니었기 때문이다. 그것은 우리, 즉 서구를 향한 것이었다. 그것은 아름다운 태양빛을 받으며 우아하게 하늘에서 나타났다. 그 형태와 내용은 대조적이었다. 그것은 어둡고 안개 가득한 지하로부터 나왔어야 했다. 땅이 갈라지고 뼈만 앙상한 팔—우리의 풍요, 즉 서구 세계에서 수년간 이루어진 물질적 발전에 참여하지 못한 사람들의 손과 팔— 이 나와 복수를 하고 새로운 균형을 이루었어야 했다. 그편이 더 이해하기 쉬웠을 것이다.

● 북유럽의 신화에 나오는 거인 혹은 난장이를 말한다.

119

제3장 범죄의 사용 가치

부시 대통령은 땅 밑으로부터 나온 앙상한 팔이 아닌 또 하나의 설명을 한다. 2001년 9월 20일 상·하원 합동 회의에서 미국 국민들에게 한 그의 매우 유명한 연설 가운데 일부는 아래와 같다.

미국인들은 왜 그들이 우리를 미워하는지 묻고 있습니다. 그들은 바로 여기 이 방 안에서 우리가 보고 있는 것, 즉 민주적으로 선출된 정부를 증오합니다. 그들의 지도자는 자기 자신을 임명하였습니다self-appointed. 그들은 우리의 자유를—종교의 자유와 언론의 자유, 투표의 자유와 집회의 자유, 그리고 서로 다를 자유—증오합니다.

사태에 대한 이러한 해석에 따라, 어두운 용어가 등장한다. 12월 5일에 대통령은 다음과 같이 말한다.

악한 자들은 여전히 미국을 해하려 하고 있습니다. … 이제 자유 세계가 일어서서 이 악한 자들이 증오하는 자유를 지켜야 할 때입니다.

이런 대통령의 말에서 우리는 범죄학에서 익숙한 근거—악한 사람들, 어쩌면 괴물들— 들을 찾을 수 있다. 우리는 그들을 몰아내거나 아니면 절멸시켜야만 한다. 또는 9월 20일에 부시가 말했듯이,

> 우리의 삶의 방식을 위협하는 테러리즘을 깨뜨리는 유일한 방법은 그것이 자라는 곳에서 이를 멈추게 하고 없애 버리며 파괴해 버리는 것입니다. (박수)

그러나 이러한 용어들에는 약간의 문제가 있다. 악한 자들이란 그들 자신의 설명일 뿐이다. 토론은 멈추고 현상은 이해될 뿐, 그 이상의 지적인 노력은 필요하지 않다.

또 악한 자들이라는 말과 함께 다음 단계는 거의 분명해진다. 그들은 없어져야 하고, 전쟁은 자연스러운 해답이 된다. 전쟁과 절멸만이 남는다.

———

노르딕 국가에서도 우리들 자신의 괴물이 있다. 이들은 항상 악한 것은 아니고 테러리스트만큼 나쁘지는 않지만, 그에 가깝다. 왕왕 그들은 약간 바보스럽다. 우리는 그들을 트롤trolls이라 부

른다. 우리는 트롤을 치료하거나 훈련시키지 않고 교정 프로그램을 받도록 하지도 않는다. 트롤이 되는 것은 하나의 조건이다.

9월 11일의 핵심 주역들은 트롤이라고 불리지 않았다. 그들은 '테러리스트'라고 불렸으며, 오사마 빈 라덴은 '슈퍼 테러리스트'가 되었다. 이것은 범죄학에서 오래된 주제이다. 그들은 테러리스트로 간주된다. 그러나 사람은 그의 행위와 같은 것인가, 그렇다면 행위의 어느 부분과 같은 것인가? 훔치는 것이 절도범의 주된 특징인가, 또 죽이는 것이 살인범의 주된 특징인가? 어떤 사람들은 그 자신의 행위와 매우 가까워진다. 아마도 간디나 예수가 그러한 유형의 사람일 것이다. 그러나 대부분의 경우 우리는 많은 사람들이 다차원적multidimentional이라는 것을 안다. 애통스러운 어떤 행위를 저지른 사람이 또한 다른 면도 가지고 있는 것이다. 이런 사실을 인정한다면, 다른 사람을 괴물로 보는 것이 그리 쉬운 일은 아니다. 설령 그(녀)의 행위의 어떤 측면이 도저히 수용할 수 없는 것이라고 해도 말이다.

그러나 행위와 사람을 구별해야 한다는 이 주장은 종종 논쟁의 대상이 된다. 범죄학 내부에서도 그렇다. 우리는 모두 저마다의 괴물을 가지고 있다. 범죄학에서 이들은 사이코패스psychopaths라고 불린다. 모든 사이코패스 중에서 괴물과 가장 가까운 것을 노르웨이어로는 *følelseskald psykopat*라고 한다. 영어

국가가 조절하는 **범죄의 적당한 양**

로는 '감정이 없는 사이코패스a psychopath without feelings' 정도가
될 것이다. 나는 여태껏 그런 사람을 만나 본 적이 없다. 하지만
어떤 심리학자들은 이들을 여러 번 계속해서 만나는 것 같다.

──────

이스탄불 출신의 소설가인 오르한 파무크Orhan Panmk는 부시 대
통령과는 다른 설명을 한다. 2001년 11월 15일 자《뉴욕 북 리
뷰New York Review of Books》에 실린 그의 말이다.

> 역사적으로 유례없이 교묘하고 잔인한 테러리스트들을 직접 지
> 지하게 만든 것은 이슬람도 빈곤 그 자체도 아니다. 오히려 그
> 것은 제3세계 나라들에 퍼져 있는 압도적인 굴욕감이다.
> 역사적으로 어느 때에도 부자와 빈자의 차이가 이렇게 큰 적
> 은 없었다. … (그리고) … 부자들의 삶이 텔레비전이나 할리우
> 드 영화를 통해 가난한 사람들에게 이렇게 심하게 노출된 적도
> 역사적으로 한 번도 없었다. •

• Orhan Pamuk, "The Anger of the Damned", *New York Review of Books*, 15
Nov., 2001, pp. 12~15.

노르웨이의 트롤들은 한 가지 치명적인 약점이 있다. 햇볕을 쬐면 그들은 위험에 빠진다. 햇빛이 닿기만 하면 그들은 부서지거나 아니면 돌로 변한다. 노르웨이의 산에서 흔히 발견되는 이상한 형태의 돌들에 대한 설명이 바로 이것이다.

우리가 그들을 알게 되면, 괴물의 형상은 더 이상 유지되기 어렵다. 일상적인 앎이나 과학적 지식이 그런 역할을 할 수 있을 것이다. 우리가 사람의 행동에 대해 더 많이 이해하게 될 때, 특히 우리가 다른 사람의 행동에서 우리 자신을 볼 수 있을 때, 괴물은 사라질 것이다.

하지만 그들은 국가의 행위state actions와 꽤 잘 어울리는 것 같다.

국가가 조절하는 **범죄의 적당한 양**

제4장

해결책으로서의 구금

4.1 범죄의 증가에 대한 사회적 대책

내가 만약 독재자의 권력을 가지고 있고 범죄가 늘어나는 상황을 만들고 싶다면, 나는 우리 사회를 대부분의 현대 국가와 매우 비슷한 형태로 만들 것이다.

우리는 우리 사회를 매우 쉽게, 또 많은 사람들의 이해interest에 따라 바람직하지 않은 행위를 범죄로 정의하는 방식으로 만들어 왔다. 이것(범죄)은 나쁘거나bad, 미치거나mad, 괴상하거나eccentirc, 예외적이거나exceptional, 버릇없거나indecent 또는 단순히 좋지 않은 행위unwanted acts와는 다른 것이다. 우리는 또한 바람직하지 않은 행위를 자극하면서, 동시에 비공식적인 통제의 가능성을 줄이는 방식으로 이 사회를 만들어 왔다. 이 모든 상황은 산업화된 세계의 교도소에도 명백히 영향을 미치게 된다. 무엇보다 우선 이것은 대부분의 사회가 가지고 있는 구금체제에 더 많은 부담을 준다. 그러나 여기에는 예외도 있다. 모든 사회에서 피구금자의 수는 과거 그 나라의 역사와 정치 이념, 그리고 형벌이 아닌 다른 해결책을 찾으려는 의지의 결과이다.

〈표 4.1〉은 전 세계 주요 지역의 인구 10만 명당 피구금자 수를 보여 준다. 각 지역의 나라들은 교도소 수용자 인구 크기에 따라 순서가 매겨져 있고, 가장 높은 비율을 나타낸 나라가 맨 위에 있다. 대부분의 숫자는 로이 웜슬리Roy Walmsley가 수집한 통계에서 가져온 것이다.* (이 통계는 계속해서 업데이트되고 있으며 국제 교도소 연구센터the International Centre for Prison Studies에서 이용할 수 있다.)[1] 어떤 숫자들은 내가 방문한 나라의 여러 교정 행정기관 대표자들과 직접 접촉해서 얻은 자료에 근거한 것이다. 이 가운데 일부는 로이 웜슬리와 국제 교도소 연구센터의 그것과 다르다. 하지만 이 차이는 다음의 내용을 추론하는 데에 그다지 중요하지는 않다. 대부분의 수치는 2000년에서 2002년 사이의 것이다.

* Roy Walmsley, *World Prison Population List*, Findings, 188, Home Office, London, 2003.

국가가 조절하는 **범죄의 적당한 양**

〈표 4.1〉 인구 10만 명당 교도소 수용자의 수

서유럽		북아메리카	
잉글랜드와 웨일스	139	미국	730
포르투갈	135	캐나다	116
스페인	126	중앙 아메리카	
이탈리아	100	쿠바	500(추정치)
프랑스	99	벨리즈	459
네덜란드	93	파나마	359
독일	91	코스타리카	229
아일랜드	86	온두라스	172
오스트리아	85	엘살바도르	158
벨기에	85	멕시코	156
그리스	80	니카라과	143
스위스	69	과테말라	71
덴마크	66	남아메리카	
스웨덴	64	칠레	204
노르웨이	62	우루과이	166
핀란드	60	아르헨티나	154
아이슬란드	37	브라질	137
중앙 및 동유럽		콜롬비아	126
러시아 연합	607	페루	104
벨라루스	554	볼리비아	102
우크라이나	406	파라과이	75
라트비아	361	베네수엘라	62
에스토니아	328	에콰도르	59
리투아니아	327	오세아니아	
몰도바	300	뉴질랜드	155
폴란드	260	오스트레일리아	112
루마니아	215		
조지아	196		
헝가리	176		
체코	159		
슬로바키아	139		
불가리아	114		
튀르키예	89		
슬로베니아	56		

이 표가 보여 주는 가장 놀라운 사실은 나라에 따라 엄청난 차이가 있다는 것이다. 아이슬란드가 가장 낮고 미국과 러시아는 다른 나라들과 비교할 수 없을 정도로 높다.

이 표에 대해서는 앞으로 여러 차례 다시 언급할 것이다. 그에 앞서 우선 두 거대한 구금 국가가 무슨 공통점을 가지고 있는지를 알아보자.

4.2 거대한 구금자들

현재 미국에는 210만 명 이상이 교도소에 수용되어 있다. 이 수치는 인구 10만 명당 730명, 즉 0.7% 이상에 해당한다. 1975년 이래의 증가세는 믿어지지 않을 정도이다. 최근에는 다소 완화되었지만 수용자 수는 여전히 늘어나고 있다. 구금되어 있는 사람들 이외에도 보석이나 보호관찰을 받거나 가석방된 사람의 수는 470만 명에 이른다. 이것은 2003년 미국 인구 가운데 680만 명이 형법에 의한 제도적 통제하에 있다는 것을 의미한다. 미국 전체 인구 가운데 2.4%가 항상 제도적 통제를 받고 있는 것이다. 15세 이상 사람으로 한정하면, 이 비율은 인구의 3.1%가 된다.

바로 뒤이어 러시아가 있다. 2003년 1월 1일 현재 러시아의 수용자 수는 86만 6천 명으로 인구 10만 명당 607명의 수용자가 있다. 이보다 2년 전에는 100만 이상으로 10만 명당 680명이 구금되어 있었다. 재판을 기다리는 수용자의 수는 2000년 28만 2천 명에서 2003년 14만 5천 명으로 줄어들었다.[2] 이러한 사람들—미결수용자들—에게 교도소는 러시아에서 특히 공포의 대상이다. 비비언 스턴Vivian Stern은 러시아 교도소의 상황에 대한 책을 편집했는데, 그 제목은 《죽으라는 선고Sentenced to die》이다.[*] 이것은 핵심을 제대로 짚은 것이다. 수백 명의 사람들이 있는 습기 찬 방에서 3교대로 자는 것은 시설 내에 TB, HIV, AIDS와 같은 질병을 번창하게 한다. 그리고 이것은 나중에 전체 러시아 사람들에게도 영향을 주게 된다. 선고를 받게 되면 수용자들은 모스크바 밖에 있는 식민지, 즉 예전의 강제수용소Gulags로 옮겨진다. 여기의 상황은 (교도소보다) 훨씬 낫다.

두마Duma, 즉 러시아 의회는 2001년 5월 교도소 수용자 수를 3분의 1로 줄이기 위해 몇 가지 중요한 법을 제정하였다. 이러한 새로운 법들의 효과는 쉽게 관찰된다. 이 개혁 이전에 러시아 구

* Vivian Stern (ed.), *Sentenced to die? The Problem of TB in Prisons in Eastern Europe and Central Asia*, International Centre for Prison Studies, King's College, London, 1999.

치소remand prisons의 1인당 평균 면적은 1m²가 되지 않았다. 지금은 3.5m²이다. 반면 공중보건기구가 정한 규범은 1인당 4m² 이다.•

4.3 공통된 특징들

피구금자 수가 많다는 것 외에, 이 두 나라가 공통적으로 가진 특징은 무엇인가?

미국과 러시아의 첫 번째, 그리고 명백한 유사점은 영토, 힘power, 인구의 측면에서 둘 다 규모가 큰 나라라는 것이다. 이와 함께 **사회적**social 거리distance를 만들기 위한 조직적 형태의 기초가 마련되어 있다는 점도 같다. 모스크바의 큰길에는 한가운데에 특별한 차선이 있는데, 여기로는 대통령과 그를 따르는 고관대작들the cortège of dignitaries만 다닐 수 있다. 러시아를 방문한 학자에 불과한 나는 보통의 붐비는 길에서, 정신적으로 이런 사회적 상황에 놓여 있었다. 몇 시간 동안 우리는 푸른 경광등을 켜고 사이렌을 울리며 선두와 후미에 있는 경찰차를 보고 있었다. 다른 차들은 멈춰 있어야만 했다. 마치 황제 또는 적어도 그 정

• Yuri Ivanovich Kalinin, *The Russian Penal System: Past, Present and Future*, King's College London, International Centre for Prison Studies, 2002, p. 17.

국가가 조절하는 **범죄의 적당한 양**

도로 높은 지위에 있는 사람이 오고 있는 듯했다.

　그러나 모스크바에서만 그런 것은 아니다. 서구 자본주의 국가에는 특별한 중앙 차선 대신에 특권층들을 위한 헬리콥터가 있다. 그들은 권력자와의 밀접한 관계에 따른 자신의 몫을 갖는다. 나는 워싱턴에서 있었던 일을 생생하게 기억한다. 특별한 고위 인사들만 참여한 모임이었다. 내가 기억하는 것은 주최자의 환영 인사이다. 많은 사람이 초대되었고 그중 대부분은 참석했지만, 몇 사람은 올 수 없었다. 우리는 오지 않은 사람들의 명단을 가지고 있었는데, 이들은 모두 개인적으로 주최자에게 전화를 걸어 자신이 왜 올 수 없는지를 설명했다. 비서들이 그렇게 할 수는 없었다. 나는 마치 왕과 가까운 사람들의 파티에 있는 것 같았다. 당신은 여기에 있어야만 하고, 만약 그럴 수 없다면 충분히 납득할 만한 이유를 대야 한다. 그렇지 않으면 곧 쫓겨날지도 모른다.

　이 모든 것들이 의미하는 바는 명백하다. 커다란—피라미드 형태의—사회체제에서는 상대적으로 소수의 사람들이 맨 꼭대기에 있게 된다. 혹은 최소한 그런 사회는 더 넓은 대의representation의 조건을 만들기 위해 예외적인 정치적 정교함을 요구한다. 꼭대기에 있는 소수의 사람들은 서로서로에게 매우 중요해진다. 그러나 동시에 상황 논리에 따라 그들은 그들이 지배하는 사람

제4장　해결책으로서의 구금

들과는 거리가 생기게 된다. 사회적 거리는 형벌체계를 엄하게
사용하기 위한 조건 가운데 하나이다.

———————

미국과 러시아의 또 하나의 유사점은 두 나라 모두 법관의 지위
가 약하다는 것이다. 미국의 경우 이 점은 분명하다. 서유럽과
비교해서 미국의 판사들은 점점 더 정치인과 검사들에게 권력을
빼앗겨 왔다. 미국의 양형기준 시스템은 이를 정하는 정치인들
에게 형벌을 세부적으로 조절하는 권한을 주었다.[3] 또한 의무적
양형법mandatory sentencing laws의 빈번한 적용도 마찬가지 효과를
가져왔다. 사실관계가 분명한 때에는 판사들에게 거의 재량이
주어지지 않는다. 미국 법관들에 대한 설문조사에서 지방 판사
district judges와 수석 보호관찰관chief probation officers의 86%가 양
형기준이 검사들에게 너무 많은 재량과 통제의 여지를 준다는
데에 동의하였다. 71.5%는 다소 또는 강하게 의무적 양형기준
이라는 현 체제를 유지하는 데 반대하였다.[4]

나아가 미국의 법관들은 대부분 직접 선출된다. 그러나 이 같
은 정치적 과정은 선거절차에의 제한된 참여에 기초하고 있다.
140만의 흑인들을 포함해서 400만 이상의 사람들은 전과기록

국가가 조절하는 **범죄의 적당한 양**

때문에 투표를 할 수 없다. 이 중 상당수가 투표권을 다시는 얻지 못한다.● 정치인의 입장에서 이들에게는 별로 얻을 것이 없다. 반면 법관에 비해 검사들은 자신들의 권력을 유지해 왔다. 검사는 피의자와 협상할 수 있고, 피의자가 다른 행위를 인정한 경우에는 혐의사실 중 일부를 기소하지 않을 수도 있다. 양형기준 시스템에서 검사는 최종 결과에 결정적인 영향력을 행사할 수 있다.

그러나 전통적인 동유럽의 경우에도 법관들은 그 직을 얻고 유지하기 위해 정치권력에 상당 부분 의존하고 있다. 여기에서는 특히 검사가 중요하다. 이것이 이 나라들에서 대단히 많은 사람들이 구금된 채로 재판을 기다리는 주된 이유 가운데 하나이다. 러시아와 벨라루스의 판사들은 석방 결정을 주저한다. 그 대신 그들은 사건을 검사에게 돌려보낸다. 검사가 결정할 때까지 수용자들은 기다려야 한다. 이 기간은 종종 수년씩 걸린다.

나는 권력의 균형에 대한 나의 주장을 입증할 수는 없다. 다만 나는 관찰하고 (여러 이야기를) 듣는다. 2002년 5월 벨라루스의 한 모임에서 나는 이런 상황이 드러나는 것을 보았다. 만약 러시아가 계획대로 (수용자 수를) 줄인다면 벨라루스는 유럽에서 구금

●   Marc Mauer & Meda Chesney-Lind, *Invisible Punishment: The Collateral Consequences of Mass Imprisonment*, New Press, New York, 2002.

율이 가장 높은 나라가 될 것이다. 몇 년 전 벨라루스에는 10만 명당 500명의 수용자가 있었다. 2001년에는 560명이 되었다. 절대적인 숫자로 이것은 56,000명의 수용자가 있다는 것을 의미한다. 벨라루스 인구는 1천만 명이다. (현재는 약 9백만 명이다.)

이 모임에는 교정 당국자와 몇 명의 교도소장이 참여했다. 몇몇 판사와 검사들도 있었다. 모임이 끝나 갈 무렵 저 아래쪽에 있던 자그마한 여성이 발언을 요청했다. 그녀는 법관이었고 그 직을 그만두었는데, 우리에게 그 이유를 설명하였다. 그녀가 말하는 동안 분위기는 냉랭해졌지만, 그녀는 계속해서 말했다. 그녀는 법적으로 훈련받고, (법의) 주된 목적은 가능한 한 많은 범죄인을 잡아 구금하는 것이라고 배웠다. 즉결심판관police jurist으로서 그녀는 그렇게 했다. 꽤 잘했기 때문에 그녀는 승진했다. 판사가 되었고 그에 걸맞은 지위와 아파트를 얻었다. 이제 다시 그녀는 게임의 규칙을—피고인에게 형벌을 선고하는 것—알게 되었다. 관대한 형벌이나 조금이라도 높은 석방률은 용납되지 않았다. 어느 순간 그녀는 자기가 통제해야 할 국가에 자신이 종속되어 있음을 깨달았고, 마침내 (법관을) 그만두었다.

———

피구금자 수가 많은 나라들의 또 다른 공통점은 그들의 교도소 체제가 노역servitude이나 노예제slavery에 그 뿌리를 두고 있다는 것이다.

스콧 크리스티안슨Scott Christianson은 이 주제에 관해서《소수를 위한 자유Liberty for Some》라는 중요한 책을 썼다. 그 내용을 단순화해서 말하자면, 남부의 흑인들이 해방되었을 때 그들은 북부의 도시로 갔는데 거기에서 다시 교도소로 옮겨 갔다는 것이다. 2001년 말에 흑인 남성 10만 명당 3,535명이 구금되어 있었다. 백인 남성은 462명이었다.[5] 많은 피구금자 수는 노예제의 전통과 연결되어 있다.

벨라루스를 포함하여 러시아의 역사에서도 똑같은 현상을 볼 수 있다. 차르Tsar 시대에는 수용자가 이렇게 많지 않았었다. 이때에는 다른 방법, 즉 노역이 있었기 때문이다. 농민은 영주의 재산이었다. 그들은 자신들을 소유한 귀족의 승인 없이는 다른 곳으로 이주하거나 결혼할 수 없었다. 이것은 하층 계급 사람들이 엄격한 통제 아래에 있었다는 것을 뜻한다. 이 통제가 실패했을 때 또는 농민이 아닌 사람이 잘못된 행위를 했을 때에는 시베리아로 보내졌다. 이 커다란 지역의 식민지화는 대부분 이들에 의해 이루어졌다.[6] 이런 맥락에서 강제수용소Gulags는 과거에 없었던 새로운 것이 아니며, (정치적) 반대자들dissenters만에 대한 것도 아니었다. 이곳은 하층 계급 남성들로 구성된 생산 단위였다. 노역이 새로운 형태를 띠게 된 것이다.

　이상의 것들이 많은 수용자가 있는 나라들의 기본적인 유사점이다. 또 이들은 비슷한 사회적·문화적 특징—특별한 음악, 언어, 의복 등—들을 만들어 가고 있다. 모스크바에는 대부분의 이야기와 음악이 교도소의 그것인 FM 라디오 방송국이 있다. 미국 문화의 한 부분도 마찬가지이다. 이러한 시스템의 내부 구조에도 비슷한 점이 있는 것 같다. 적어도 러시아의 경우에는, 예전에 정치적 반대자들 사이를 제외하고는, 어디에나 사회 최하층의 사람들the untouchable losers이 맨 밑바닥에 있는 극단적인 계층 구조가 분명히 존재한다. 미국의 경우에는 더 나은 물질적 조건, 개개 수용자를 고립시킬 수 있는 더 높은 능력, 그리고 수용자 1인당 더 많은 교도관 등으로 인해 러시아와는 사정이 좀 다를 수 있다. 하지만 조직범죄자들 간의 다툼에 대한 많은 보고서들은 미 교정 당국이 결코 완전한 통제력을 가지고 있지는 못하다는 것을 보여 준다.

———

그러나 차이점도 있다. 거대 구금 국가들마다 교도소의 사용가치가 다르다는 점이 가장 중요하다.

러시아에서는 지금, 그리고 예전에도 교도소나 유배지와 관련된 문제가 있어 왔다. 간단히 말해서 유배지는 더 이상 이윤을 만들어 내지 못한다. 좋은 일은 아니겠지만, 강제수용소는 1940~1945년 사이에 러시아의 전쟁 수행에서 불가결한 역할을 했다. 또 제2차 세계 대전—동유럽에서는 위대한 애국 전쟁이라고 부른다—후에도 소련의 명령경제체제에서 꽤 효율적으로 작동할 수 있었다. 그러나 시장경제에서는 경쟁력이 없다. 그래서 오늘날 러시아의 교도소 시스템은 경제적으로 막대한 유출을 의미한다.

로라 피아센티니Laura Piacentini는 경제체제가 바뀌었을 때 러시아 유배지에서 무슨 일이 일어났는지를 밝히고자 했다.* 그녀는 두 가지 흥미 있는 관찰을 수행했다. 첫째, 새로운 상황에의 적응은 모스크바로부터의 거리에 달려 있었다. 더 멀면 멀수록 지역 교도소의 행정은 더 자유로웠다. 모스크바에서 온 검사관 inspectors은 거의 없었고, 멀리 떨어져 있을 뿐이었다. 모스크바에 가까운 곳에서는 상황이 달랐다. 여기에서는 중앙 행정관료의 말을 따라야 했다. 그 내용은 형벌학에서 잘 알려져 있다. 유배지에는 더 이상 할 일이 없었다. 큰 공장은 말 그대로 텅 비었

---

* Laura Francesca Piacentini, *Work to Live: The Function of Prison Labour in the Russian Prison System*, Doctoral dissertation, Bangor University, Wales, 2002.

거나 몇몇 재소자들이 한구석에서 빈둥거리며 시간을 보내고 있을 뿐이었다. 중앙의 교정 행정기구는 물론이고 어떤 형벌 이론에 의하더라도 해답은 분명했다. 여기 있는 수용자들은 법을 준수하는 시민으로 바뀌어야 한다. 따라서 유배지에서 처우와 교육이 이루어져야 한다. 그러나 세계 대부분의 형벌기관과 마찬가지로 러시아 유배지에서도 이것은 단지 말뿐이었다.

내부 시베리아의 사정은 이와는 상당히 달랐다. 중앙 행정기관을 의식하지 않았다. 1990년 이후로 상황은 매우 어려워졌다. 유배지의—다른 일반적인 작업장에서도 그랬지만—직원들은 몇 달간 임금을 받지 못했다. 그뿐만 아니라 수용자들에 대한 음식, 의복, 난방이 심각한 정도로 부족했다. 이런 상황에서 정교한 물물교환 체계가 만들어졌다. 지방의 유배지들은 할 일을 찾기 위해 그 지역 공동체를 자세히 조사했다. 배고픈 수용자들은 살아남기 위해 필요한 어떤 것을 얻을 수 있다면 무엇이든 기꺼이 하려고 했다.

점점 러시아 주변부에 있는 유배지들은 생산에 참여하는 꽤 효율적인 단위가 되어 갔다. 그리고 여기에서 스스로 형벌 문제에 대해 자신이 있다고 생각하는 사람들에게 딜레마가 생겼다. 이 유배지들에서는 (수용자에 대한) 별다른 처우가 없다. 형벌 이론이나 국제 조약에 의하면 좋지 않은 일이다. 그러나 이들은 노

국가가 조절하는 범죄의 적당한 양

동을 하고 심지어 음식을 만들어 낸다. 바로 여기에서 우리는 동전의 반대 면, 그러니까 미국과 러시아의 새로운 유사점에 접근하게 된다. 다시 말해 이런 상황에서 위험한 것은 여기, 즉 두 거대한 구금 국가에 견고하게 설립된planted 곳에, 강제노동의 새로운 시스템에 대한 기초가 놓인다는 점이다.

러시아와는 다르게 미국은 많은 수용 인구를 더 쉽게 감당할 수 있다. 많은 미국인들에게 교도소의 설립과 운영은 이윤을 의미한다. 이것이 나의 책《산업으로서의 범죄통제Crime Control as Industry》•의 핵심 요점이다. 최근에는 미국 내의 교도소들이 일반적으로 미국 산업에 값싼 노동력을 제공하는 데 있어서 제3세계 국가들과 경쟁할 수 있다는 사실이 입증되었다는 주장이 나오기도 했다. 그리고 물론 수용자들이 굶는 것보다는 먹는 것이 낫다. 또 빈둥거리며 힘들어 하기보다는 일하는 편이 낫다. 그러나 이 명백한 이점에 위험이 있다. 교정 당국 입장에서도 그들이 일하는 것이 좋다. 수용된 노동력은 값싼 노동력에 대한 수요와 더불어 하층 계급을 통제하기 위한 필요를 매우 근사한 방식으로 충족시킨다. 이것은 국가를 유혹한다. 노예제가 부활할 수도 있는 것이다.

• Nils Christie, *Crime Control as Industry: Towards Gulags, Western Style*, 3rd ed., Routledge, London, 2000.

4.4 복지에 대하여

거대한 구금 국가들이 이 장의 출발점이었다. 그러나 교도소 인구에 대한 〈표 4.1〉은 다른 중요한 의문점을 제기한다. 미국과 캐나다 사이의 차이가 특히 흥미롭다. 이 차이는 거의 믿을 수 없을 정도이다. 캐나다는 10만 명당 116명의 수용자를 가지고 있고, 미국은 730명이다. 두 나라는 아주 가깝지만, 그러나 많이 다르다. 국경을 공유하고 있고, 언어도 같으며, 대부분의 사람은 종교도 같고, 미디어에서 다루는 내용도 어느 정도는 겹친다. 또 돈money이나 생활 방식에 대해서도 상당 부분 같은 이상 ideals을 가지고 있다. 그렇다면 피구금자 수에서의 이 차이를 어떻게 설명할 수 있을까? 미국 교도소에 흑인들이 과잉 대표되어 있다는 점을 제외하더라도, 미국은 캐나다보다 3배 이상의 구금율을 보여 준다.

첫째, 다른 설명을 시도하기 전에, 캐나다에게는 예외적인 지위를 인정해 줄 수 있다는 점을 기억하는 것이 중요하다. 캐나다는 고도로 개발되고, 잘 작동하는, 현대 국가이다. 다른 나라들처럼 범죄 문제가 있고, 이를 자기선전self-presentation의 의제로 활용하려는 정치인들도 있다. 그럼에도 불구하고 이 나라에는 남쪽 이웃 나라의 6분의 1밖에 안 되는 수용자가 있을 뿐이다.

국가가 조절하는 범죄의 적당한 양

그리고 이 차이는 과거 수년간 점점 커져 왔다. 캐나다의 교도소 인구는 꾸준히 줄어든 반면 미국의 경우는 계속해서 증가해 왔다. 결국 범죄통제의 양은 운명적인 어떤 것이 아니라 우리가 선택할 수 있는 정치적 결정에 달려 있다.

그렇다면 캐나다에 특유한 것은 대체 무엇인가?

좀 난처하긴 하지만, 이에 대한 분명한 답을 나는 가지고 있지 못하다. 다만 이 나라에 오래 머물렀던 경험에 기반해서 약간의 느낌을 통해 말해 보려 한다.

첫째, 스칸디나비아 사람에게 캐나다에 가는 것은 다른 스칸디나비아 나라에 가는 것과 별 다름이 없다. 아마도 약간 지루하고, 잘 규제되어 있으며, 질서 있는 행동과 예의 바른 관계 등이 그렇다.

둘째, 체제 내부를 조금만 들여다보면, 또 하나의 기본적인 유사점을 발견할 수 있다. 캐나다는 복지국가이다. 노령연금, 건강보험, 출산휴가, 실업급여 등을 모두 갖추고 있다. 물론 문제점이 있고, 이를 어떻게 보완할 것인가에 대한 활발한 토론은 결국 가난한 사람들을 위한 안전망을 줄이게 된다. 그러나 빈자들의 상황은 미국과 캐나다에서 근본적으로 다르다. 캐나다의 복지체제는 맨 상위의 정치 제도로부터 차단되어 있다. 캐나다에서는 '정부 (소득) 이전government transfers의 상계 효과offsetting influence로 인해' 미국처럼 소득 불평등이 증가하지 않았다.*

세 번째 차이도 이와 관련되어 있다. 캐나다에는 수년 동안 교도소의 수용 인구를 통제하려는 좋은 정책conscious policy을 마련한 공무원들이 있었다. 나는 개인적으로 오타와에 있는 캐나다 재무부the Ministry of Finance의 교도소 예산 관련 회의에 참석한 적이 있다. 모든 부서에 예산을 줄이라는 명령이 내려졌다. 그러나 법과 질서를 담당하는 부처는 이것이 불가능하다고 말했다. 범죄가 증가했기 때문에 오히려 예산을 늘려야 한다는 것이다! 하지만 이것 역시 불가능했고, 바로 이 문제 때문에 내가 초대되었다. 캐나다 사회에서 어떻게 피해harm—모든 종류의 피해—를 줄일 수 있으며, 이를 위해서는 어느 정도의 비용이 필요한지를 두고 열띤 토론이 벌어졌다.

결론은 사회 복지에 대한 기능적 대안으로서 형벌체계를 활용하는 것은 캐나다 사회에서 좋은 대책이 아닌 것 같다는 것이었다.

• Andrew Sharpe, "A Comparison of Canadian and US Labour Market Performance in the 1990s", In Maureen Appel Molot & Fen Osler Hampson ed., *Vanishing Borders, Canada Among Nations 2000*, Oxford University Press, Oxford, 2000, p. 158.

국가가 조절하는 **범죄의 적당한 양**

4.5 동유럽과 서유럽

위의 〈표 4.1〉 가운데에서 유럽 지역을 다시 자세히 살펴보면 두 가지 놀라운 사실을 알게 된다. 첫째, 동유럽과 서유럽의 수용자 수가 크게 차이가 난다는 것이다. 서유럽 가운데 네 나라만 10만 명당 100명이 넘는 수용률을 보이는 반면 동유럽 국가의 대부분은 이 수준을 웃돈다.

둘째, 동유럽 지역 내에서도 큰 차이를 보인다는 것이다. 러시아 연합과 벨라루스 다음으로 수용자 인원이 많은 나라는 우크라이나이고, 그다음은 발틱 공화국인데, 두 나라 모두 300명이 넘는다. 수용자 수가 제일 적은 나라는 슬로베니아인데, 이 작은 나라는 오랫동안 노르딕 국가들과 비슷한 수준을 보여 왔다.

일반적인 그림은 명백하다. 러시아는 유럽의 거대 구금 국가이고 구소련 국가들이 그 뒤를 잇는다. 이 나라들의 교도소를 방문해 보면 사회조직이나 물리적 형태에서 러시아의 그것과 대단히 비슷하다는 것을 알게 된다. 이 나라들 다음으로는 상대적으로 더 낮긴 하지만 여전히 수용 인구가 높은 예전의 독립 국가들—이들은 냉전 시대의 마지막까지 동쪽 지역에 속했다—이 있다.

이 나라들은 여러 면에서 동쪽과 서쪽 사이에 끼어 있다. 나는

《산업으로서의 범죄통제》에서 제2차 세계 대전 직후 핀란드가 어떻게 동유럽과 결별하기 위한 의식적인 결정을 했는지를 서술한 적이 있다. 이것은 형벌정책과 관련해서도 마찬가지였는데, 결과는 성공적이었다. 이제 그들은 수년째 덴마크, 노르웨이, 스웨덴보다 수용 인원을 더 낮게 유지하고 있다. 물론 핀란드는 냉전 시대 동안 동쪽 지역에 속해 있었던 것은 아니고, 이 나라의 형벌정책은 자국을 스칸디나비아와 연결시키기 위한 하나의 수단이었다.

형벌정책에 대해 똑같은 노력이 이제 옛 동유럽 지역의 다른 나라들에서도 진행되고 있다는 사실은 분명하다. 폴란드는 이를 보여 주는 흥미로운 사례이다.

4.6 폴란드의 리듬

범죄학의 시각에서 보면 [그림 4.1]은 보물 같은 자료이다. 동시에 그림 뒤에 숨어 있는 나라의 어두운 현실을 보여 주는 것이기도 하다.[7] 이 그림은 1945년부터 2002년 10월까지 폴란드의 전체 수용자 수를 나타낸 도표이다. 세 가지 특징을 언급할 만하다.

첫째, 선이 보여 주는 리듬이다. 1945년 거의 바닥에서 시작해서 1950년 98,000명이라는 첫 번째 봉우리에 도달한다. 6년

국가가 조절하는 범죄의 적당한 양

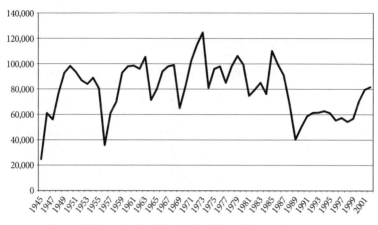

[그림 4.1] 폴란드의 전체 수용자 수(1945~2002)

후 35,000명까지 떨어졌다가 다시 1963년 105,000명으로 올라
간다. 최대치는 1973년의 125,000명이다. 이런 부침이 계속되
다가 1989년 다시 40,000명으로 줄어든다.

내 생각으로는, 이것은 정상적인 후문ordinary back doors,* 즉 체
제의 내부 압력이 너무 강해질 때 쓸 수 있는 석방절차가 없는
교도소체제의 모습이다. 억압적 국가와 강한 검사, 엄격한 판사
는 투옥을 더 쉽게 만들었다. 그러나 긴장은 높아진다. 수용할
수 있는 사람의 수에는 한계가 있고, 의미 있는 작업이 주어질
수 있는 사람의 수도 제한이 있다. 수용자들의 항의, 그리고 몇

● 형벌학에서는 수용시설에 구금되는 절차를 정문(front doors), 그리고 석방되는
절차를 후문(back doors)이라고 부른다.

차례 폭동이 발생하기도 했다. 이에 대한 적절한 해답은 사면이 었다. 1956, 1964, 1969, 1974, 1977, 1981년, 그리고 특히 동서 장벽이 무너진 1989년에 대규모의 사면이 있었다. [그림 4.1]은 수용자의 수가 그 나라의 범죄 상황을 보여 주는 지표로 전혀 맞지 않는다는 것을 드러내 준다. 오히려 이를 통해 교도소 인구는 정치적 결정을 반영한 것이라는 점이 명백해진다. 다른 나라들은 이 문제를 보다 신중하게 다룬다.

1989년 이후 기간에 또 하나의 놀라운 발전이 있었다. 이때 구舊 체제는 붕괴되었고, 이제 자유로운—물론 수용자들에게도—세상이 되었다!

그러나 4만 명 정도의 낮은 수준은 오래가지 않았고 5~6만 명 정도에서 안정화되는 듯이 보였다. 이 시기는 '연대Solidarity'라는 이름을 내건 정치 집단—나중에는 정당이 되었다—의 시대였는데, 이 연대에는 당연히 수용자들도 포함되었다. 그러나 시간이 지나면서 새로운 자유는 낡은 것이 되었고, 도표에 나타난 경향도 이를 보여 준다. 1999년부터 2002년 10월까지 수용자 수는, 정확히 말해, 56,765명에서 81,654명으로 증가하였다. 이것이 〈표 4.1〉에 수록된 수치이고, 이것은 폴란드 인구 10만 명당 260명을 의미한다. 그러나 실제 상황은 훨씬 더 좋지 않다. 교도소는 과밀 수용되어 있다. 공식 추정치에 의하면 2002년 12월

국가가 조절하는 **범죄의 적당한 양**

에 18,000명이 형 집행을 위해 대기하고 있다. 이 숫자는 아마도 크게 저평가된 것이다. 이 대기인 수를 포함하면 폴란드의 수용 인구는 다시 10만 명을 넘어서게 된다. 또다시 이렇게 된 것이다.

대체 무슨 일이 있었던 것일까?

첫째, 이제 과거가 되어 버린 사면 조치는 체제의 실패를 교정하기 위한 조야한 수단이었다. 최선의 해결책이 아니었던 것이다. 엄청나게 많은 수용자들이 한꺼번에 석방되었고, 이것은 사회 원조체제에 갑작스럽고 지나친 부담이 되었다. 물론 그러한 긴장은 급격히 증가하고 있는 교도소 인구에 견주어 평가되어야 한다.

수용자 인구 증가에 대한 두 번째 설명은 폴란드가 부분적으로 '서구화'되어 가고 있다는 것이다. 예전의 형벌체제, 경찰, 검사, 판사들은 여전히 그대로이다. 1989년 이후 어떤 대숙청도 일어나지 않았다. 그러나 바로 이 상황에서 앞 장에서 다룬 요소가 등장한다. 폴란드는 단일 문화mono-culture 사회로 변해 가고 있다. 서구와 마찬가지로 폴란드의 정치인 대부분은 범죄 문제를 자기선전을 위해 활용한다. 이 과정에서 그들은 언론으로부터 완벽한 도움을 받는다. 마리아 로스Maria Los가 말하듯이, 언론 보도 내용에―국가 선전 도구의 **좋은 뉴스**에서 사적 언론의 나쁜 뉴스로—근본적인 변화a radical shift가 일어났다.

> 피의자에 대한 일상적인 구금, 법적 정밀함에 대한 무시, 장기
> 형, 그리고 공적인 비판의 금지 등으로 특징지어진 형사 사법체
> 계에 익숙한 사람들에게, 이러한 변화(나쁜 뉴스의 공개)가 혼
> 란 또는 붕괴되어 가는 체제의 이미지를 생산해 냈다는 것은 이
> 해할 만한 일이다. *

내 생각으로, 특히 앞의 도표를 볼 때, 이것은 심각한 혼란의 위
험이 있는 교도소체제이다. 폴란드는 이제 유럽 연합에 가입하
려 한다. 이것은 불가피하게 농부 숫자의 큰 감소를 초래할 것이
다. 잉여 노동력은 도시로 이주할 것이고 사회 문제는 증가할 것
이며 교도소에 대한 압력도 늘어날 것이다. 교도소에서 폭동이
발생하면 사면 조치가 정기적으로 취해져 왔다. 폭동이 일어날
것이고 사면이 뒤따를 것이다. 그러나 이것은 엄청난 비용이 드
는 개혁 방식이다.

* Maria Los, "Post-Communist Fear of Crime and the Commercialization of
  Security", *Theoretical Criminology*, Vol. 6, No. 2, 2002, p. 166.

국가가 조절하는 **범죄의 적당한 양**

4.7 (동유럽과 매우 비슷한) 잉글랜드와 웨일스

지금까지 본 바에 의하면, 수용자 수에 관해서도 동쪽과 서쪽이 나누어진다. 그러나 언제나 그런 것은 아니다. 슬로베니아는 노르딕 국가에 속한다. 또 놀랍게도 잉글랜드와 웨일스는 꾸준히 동유럽의 기준에 따른 경로를 밟아 왔다. 2003년에 잉글랜드와 웨일스의 인구 10만 명당 수용자 수는 139명이었다. 이 숫자는, 매주 600명씩 새로운 사람들이 수용되면서, 꾸준히 높아지고 있다.[8] 몇 년 전까지 서유럽에서 가장 많은 수용 인구를 가진 나라는 포르투갈이었다. 그러나 지금은 아니다. 수용률에서 잉글랜드와 웨일스는 불가리아를 넘어섰고, 이제는 슬로바키아와 비슷한 수준이다. 이들이 방향 전환을 할 것이라는 어떤 징표도 없다. 예전에 자신들과 별 차이가 없었던 캐나다를 넘어선 것은 물론, 이제 곧 가까운 이웃 나라인 아일랜드보다 두 배나 높은 수용률을 갖게 될 것이다. 이들은 윈스턴 처칠Winston Churchill과 그의 동료들이 구금을 상당한 의심의 눈초리로 바라보고,• 이에 따라 서유럽에서도 가장 낮은 수준으로 수용률을 유지하던 역사적 시기와 이미 오래전에 단절되어 버렸다. 잉글랜드와 미국의 비슷

• Jamie Bennet, "Winston Churchill, Prison Reformer?", *Prison Service Journal*, No. 145, 2003, pp. 3~7.

한 점은 교도소 내의 인종 구성에서도 드러난다. 영국 내무부 Home Office의 최근 통계에 따르면 현재 영국의 흑인 남성 100명 가운데 1명은 교도소에 구금되어 있다.[9]

이 상황을 이해하려고 애쓰면서, 나는 친밀함과 많은 애정이 결합할 때 생기는 문제handicaps—맹목적이 된다는 것—를 느낀다. 하지만 나는 잉글랜드와 웨일스가 자신들의 체제에서 중요한 요소들을 조금씩 조금씩 바꾸어 왔다는 것을 말하지 않을 수 없다.

무엇보다 먼저 이들은 단일 차원의 사회에로 급격하게 적응해 가고 있다. 제2차 세계 대전 직후와 비교해 보면 모두가 더 잘산다. 그러나 사람들 사이의 사회적 차이는 증가하였다. 가난한 사람들은 예전만큼 가난하지는 않다. 하지만 그들은 차이를 경험하고, 이 때문에 불행하다고 느낀다. 복지국가는 50여 년 전에 비해 명백히 축소되었다.

1946년부터 2000년까지 영국인 세 세대가 지나갔다. 소득과 생활 수준에 대한 결론으로 디어든Dearden, 굿맨Goodman, 사운더스Saunders는 다음과 같이 썼다.

결론적으로 이 장chapter은 상당히 놀랍게도 개개의 연속된 세대 cohort에서 일반적인 생활 수준은 꾸준히 높아졌지만, 소득과 임

국가가 조절하는 **범죄의 적당한 양**

금의 불평등도 마찬가지로 증가하였다는 사실을 보여 주었다. 이러한 사실은 그 자체가 20세기의 마지막 10년 동안 영국 사회 변화의 중요한 지표이지만, 또 하나의 중요한 점은 집단 구성원의 소득이 부모의 배경에 따라—이것은 아버지의 사회적 계급에 따라 측정되었다—큰 차이가 난다는 것이다. 그리고 이 차이는 최근 세대에서 '더 커진steeper' 것으로 나타났다. 결국 영국은 점차 불평등한 사회가 되어 왔을 뿐만 아니라, 더 최근에 태어난 사람들이 벌어들인 소득은 그들 부모 세대의 사회 계급과 더 밀접하게 연관되어 있다. •

두 번째 중요한 요소는 잉글랜드와 웨일스에서 **사법부의 권력**the *power of the judiciary*이 줄어들었다는 것이다. 내무부Home Office는 법원에 매우 많은 통계를 제공하고, 각 법원은 자신의 양형 실무를 다른 모든 법원의 그것과 비교해 볼 수 있다. 또 법관들은 다양한 **지침**guidelines을 받는다. 이것은 미국식의 양형기준은 아니지만 정확한 경계가 정해져 있는 다양한 형태의 주요 지침이다. 이러한 절차는 꾸준히 계속되고 있다. 2003년 5월 8일 자《주간

• Lorraine Dearden, Alissa Goodman & Phillippa Saunders, "Income and Living Standards", in Elsa Ferri, John Bynner & Michael Wadsworth (ed.), *Changing Britain, Changing Lives: Three Generations at the Turn of the Century*, Institute of Education, London, 2003, p. 189.

가디언*the Guardian Weekly*》은 그 전날 나온 내무부장관의 제안을 아래와 같이 보도했다.

다음의 경우는 무기징역형에 처한다.
- 유괴abduction 또는 가학적sadistic 행위와 관련되어 고도로 계획된 여러 사람에 대한 살해
- 위와 비슷한 상황에서 아동에 대한 살해
- 테러리스트 살해범
- 20세 미만의 살인자에 대해서는 위 조건을 적용하지 않는다.

다음과 같은 살인 행위에 대해서는 30년 이상의 징역에 처한다.
- 공무 수행 중인 경찰관 또는 교도관에 대한 살해
- 총기나 폭발물을 휴대한 살해
- 인종주의나 종교적·성차별주의적 동기와 같은 다른 목적을 위한 살해
- 가학적 또는 성적 이유로 인한 성년 살해범
- 그 밖의 여러 범죄들과 경합하는 경우

다음의 살인 행위에 대해서는 15년 이상의 징역에 처한다.
- 위의 경우를 제외한 성년 살해범과 17세 이하 청소년에 의한

모든 살해 행위

《가디언》은 "중견 법률가들은 이 발표에 불만스러웠다 … 변호
사협회는 이것을 헌법적으로 무모한 짓이라고 말했다"라고 하면
서 (내무부장관인) 블런켓Blunkett이 '사법부에 대한 행정부의 통제
를 제도화'하려 하고 있다고 보도했다. '행형 개혁을 위한 하워드
연맹the Howard League for Penal Reform'은 이 제안이 현재 3,900명인
종신형 수감자를 50% 정도 더 늘릴 것이라고 말했다.

또한 영국은 검찰총장general procurator과 비슷한 직책을 만들어
자신들의 시스템을 더 효율적으로 바꾸었다. 이것은 Solicitor
General이라고 불렸는데, 모든 사람들로 하여금 규칙을 지키도
록 하는 권한을 가진 직위였다. 또 상급 법원에 대해서도 직업적
검사체제를 만들어, 이들이 원할 때에는 상소할 수 있도록 하였
다. 이전에는 피고인만이 상소할 수 있었다. 이러한 변화에 대
한 공식적인 이유로는 '형량에서의 일관성'을 들었다. 그러나 동
시에 이것은 강력한 중앙집권적 경향으로 보일 수 있다. 나는 미
국의 법관과 똑같은 불만을 표현하는 영국 판사를 만난 적이 있
다. "우리는 예전에 가졌던 재량을 자유롭게 행사할 수 없다!"
중앙기관들은 피고인들과는 거리가 먼 반면, 정치인들과는 가깝
다. 정치인들은 일반 사람들이 가지고 있는 엄벌주의적 태도에

민감하고, 나아가 그러한 태도를 부추기기도 한다. 권력의 이동이—사법부에서 정치인 및 관료들로의—더 엄한 형벌 조치를 취하게 할 가능성은 매우 높다.

보호관찰 분야에서도 중요한 변화가 일어났다. 본래 여기에서의 지배적 관념은 범죄인을 돕는 것이었다. 그러나 이러한 생각은 점차 변해 갔다. 미국에서처럼 보호관찰은 점점 강제적인 것이 되었다. 보호관찰조직 또한 중앙집권화되었고, 이를 통해 노동자들이 규칙을 지키도록 통제할 수 있게 되었다.

———————

형벌체제는 그 사회의 유형을 보여 주는 지표이다. 형벌체제에서의 변화는 어떤 특정한 사회 내부의 변화와 관련이 있다. 위에서 말한 잉글랜드와 웨일스 형벌체제의 중앙집권화 경향, 범죄자를 돌보아 주는 것으로부터 강제적 통제로의 변화, 그리고 교도소 수용 인구의 커다란 증가, 이 모든 것들은 아마도 다른 기본적인 변화와 연결되어 있을 것이다. 한 나라의 일반적 정치 과정에서 무슨 일이 벌어지는지를 아는 것, 그리고 이를 통해 자기성찰self-reflection을 하는 것이 중요하다.

국가 - 또는 이웃?

5.1 아이슬란드 블루스?

아이슬란드는 서유럽에서 수용자 수가 가장 적은 나라이다.
2002년 여름에 수용자 수는 100명이었는데, 이것은 10만 명당
35명의 수용률을 의미한다. 이 나라에는 87명을 수용할 수 있는
큰 교도소가 하나 있다. 하지만 아이슬란드 사람들은 그렇게 큰
교도소를 좋아하지 않는다. 그래서 6명에서 14명까지 수용할
수 있는 조그만 교도소가 4개 더 있다. 어렌더 발더슨Erlendur
Baldursson은 교정 관료 출신이다. 그는 "(다루기) 어려운 수용자
는 가장 큰 교도소에서 더 작은 교도소로 계속해서, 대개는 성
공적으로 옮겨져 왔다"라고 말한다.

───────

이런 경험은 쉽게 무시된다. 조그만 나라인 아이슬란드에서 일어나는 일들이 커다란 나라에 적용되기 어렵다는 점은 나도 인정한다. 그러나 다른 나라들도 그들 내부에 일종의 섬과 같은 형태로 많은 아이슬란드를 가지고 있다. 우선 작은 마을이나 도시가 그렇다. 또 큰 도시들도 그 내부에 섬들이 있다. 뉴욕에도 몇 개의 지역이 있고 파리도 많은 마을들로 이루어져 있으며, 내가 아는 한 런던도 마을들의 집합체이다. 나도 작은 도시 오슬로의 한 마을에서 살고 있다. 나는 18년 전쯤 이 섬으로 이사 왔는데, 그 이후로 여기에 사는 것이 왜 이렇게 좋은지를 계속 생각해야만 했다.

그 이유는 기본적으로 이 지역이 대체로—나와 같은 예외도 있지만—소득이 낮기 때문이다. 간단히 말해, 주위에 가난한 사람이 많이 있다. 이로부터 다음과 같은 네 가지 사회적 사실이 발생한다.

1. 상당히 많은 양의 비참함이 있다. 이곳 남성의 평균 수명은 서쪽 끝the West End보다 10년 더 짧다. 혼자서 사는 것은 다른 곳에서보다 흔한 일이고, 그래서 알코올이나 마약 문제가 생긴다.

국가가 조절하는 **범죄의 적당한 양**

2. 가난하기 때문에 대부분의 사람은 차가 없다. 그래서 사람들은 외부에서 물건을 사지 않는다. 마을 바깥에 있는 슈퍼마켓에 갈 수 있는 교통수단이 없다. 게다가 많은 사람들은 며칠간 쓸 물건을 살 만큼의 현금도 없다.

3. 그래서 동네 가게가 유지된다. 이 지역처럼 조그만 식당이나 가게가 많은 곳은 오슬로에 별로 없다.

4. 또 하나의 추가적인, 그리고 매우 중요한 사실이 있다. 이곳에 사는 거의 모든 사람은 한 가지 이상의 복지 혜택을 받고 있다. 이것은 이들이 다른 사람들보다 더 많은 시간이 있다는 것을 뜻한다.

그래서 많은 사람들이 그러는 것처럼 숲에서 스키를 타야 할 토요일이 되면, 나는 그 대신 거리에 나가 쇼핑을 하고 이야기를 하거나 혹은 그저 거기에 있고 싶어진다.

이로부터 다른 결과가 생긴다. 이 섬은 온갖 사람들을 위한 공간이다. 어떤 이들은 특정한 진단을 받았다고 공식 문서에 기재되어 있을 수 있다. 그러나 활발하게 교류하는 이웃 사회에서 사람들은 단지 질병 범주로서만 남아 있지는 않는다. 이들은 어떤 특징을 갖게 된다. 눈먼 개를 데리고 있는 사람, 담배꽁초를 모으는 사람, 친절한 할머니, 조심해야 할 젊은이 등등 …

이것은 또한 이런 이웃들 사이에서는 도시의 더 풍요로운 지역에서보다 범죄가 덜 발생한다는 것을 뜻한다. 물론 이 말이, 다른 지역보다 이곳에서, 소유자의 동의 없이 사라지는 물건이 더 적다는 의미는 아니다. 또 신체적인 피해를 입는 사람이 다른 곳보다 더 적다는 것도 아니다. 아마도 두 가지 다 더 많을 것이다. 내가 강조하고 싶은 것은 이러한 행위들이 이 섬에서는 다른 의미를 갖는다는 점이다. 이웃 사람들을 알고 있기 때문에, 우리는 별로 두려워하지 않는다. 또 관련 당사자 중에 누군가를 알고 있거나 그를 아는 다른 사람을 알고 있을 가능성이 매우 높다. 이것은 다시 '절도'나 '폭력'과 같은 공식적 표현을 사용하는 것이 부자연스럽게 느껴진다는 것을 뜻한다. 범죄는 사람이 만든 현상이다. 서로에 대해서 무엇인가를 아는 사람들 사이에서, 범죄의 범주를 사용하는 것은 덜 자연스럽다. 그들이 한 행위를 싫어할 수도 있고, 그것을 막으려고 할 수도 있다. 하지만 우리는 형법이 말하는 단순한 범주에 대해 (다른 곳과) 같은 정도의 필요를 느끼지 않는다. 또 설령 (형법이) 적용되더라도, 이 낙인은 (다른 곳과) 같은 정도로 들러붙지 않는다.

국가가 조절하는 **범죄의 적당한 양**

5.2 일차적 관계의 해체

일차적 관계가 해체되었을 때 어떤 일이 생기는지를 우리는 잘 알고 있다.

폭풍을 잠재울 정도로 우렁찬 목소리를 지닌 미 해군 장교, 조지 카스퍼 호만스George Caspar Homans를 기억하는 사람이 있을 것이다. 그는 후에 인류학자가 되었다. 그리고 1951년 《인간 공동체The Human Group》라는 책*에서 '언덕 위 마을Hilltown'의 붕괴에 대한 아름답고 무서운 이야기를 썼다. 예전에 이곳은 중요한 결정들을 하던 마을이었다. 어느 한 사람도 공동생활에서 오랫동안 떨어져 있을 수 없었고, 중요한 문제에 대해 잘못된 결정이 내려지기도 했다. 사회적 삶이 주는 모든 즐거움과 고통이 있었으며, 일차적 통제에 아주 잘 맞는 사회체계를 가진 곳이었다. 일차적 통제가 가능하려면 가깝고 관심이 있는 누군가가 있어야 한다. 이런 사람이 아무도 없다면 국가가 그러한 사람을 제공한다. 그리고 이야기는 슬픈 끝을 맺는다. 언덕 아래에 철도가 건설되어 넓은 세계에 쉽게 접근할 수 있게 되었고, 이 마을은 그 내부 생활이 별로 중요하지 않은 따분한 변두리가 되어 버렸다.

* George Caspar Homans, *The Human Group*, Routledge & Kegan Paul, London, 1951.

49년 후 로버트 퍼트넘Robert Putnam은 《나 홀로 볼링Bowling Alone》이라는 책을 출판했다. * 자주 만나는 많은 친구들과 함께 사회적으로 어울리는 것이 도시생활에 깊게 자리 잡고 있었던 것과 달리, 오늘날 일반적인 미국 사람은 사회적으로 상당히 고립되어 있는 것 같다. 많은 연구들을 기초로 하여 퍼트넘은 세대 간의 차이를 비교한다. 1995년에 50세인 사람과 비교하여 같은 나이의 사람이 1955년에는 어떻게 행동했는가? 그는 사회적 고립이 증가하는 분명한 경향을 묘사한다. 이 모든 것의 상징이 볼링이다. 볼링은 더 이상 예전과 같은 그룹 활동이 아닌 개인적인 것이 되어 버렸다. 볼링 홀에는 다음 차례를 기다리는 동안 볼 수 있는 커다란 TV가 있다. 가까이에 있던 식당은 없어졌다. 게임 중간에 거기에서 만나곤 했던 친구들도 마찬가지로 사라졌다. 이제—자기 자신과의 경쟁이 되어 버린—게임 후에는 또 다른 변두리에 있는 집으로 돌아온다. 거기에서 7시간 동안 TV를 본다. 2대의 TV 그리고 7시간 시청은 이 나라의 통계적 표준이다. 사회적 연결망 속에서의 삶은 줄어들었고, 대신 스크린을 통한 범죄의 소비는 증가하고 있다.

퍼트넘의 분석은 정치적 삶에 대한 중요성과 관련하여 비판을

* Robert D. Putnam, *Bowling Alone: The Collapse and Revival of American Community*, Simon & Schuster, New York, 2000.

국가가 조절하는 **범죄의 적당한 양**

받았다. 또한 그의 연구는 놀라울 정도로 계급적 관점을 결여하고 있다. 그럼에도 불구하고 사람들이 예전과 같은 정도로 다른 사람들을 만나지 않는다는 발견은 매우 중요한 의미가 있다. 이것은 사람들이 무슨 일이 일어나고 이에 대해 어떤 의미를 줄 것인가 하는 문제에 대해 미디어에 더 많이 의존하고 있다는 것을 뜻한다. 또 이렇게 인지된 위험에 대응하기 위해 국가에 더 많이 의존하고 있다는 것을 의미하기도 한다.

만약 내가 이웃들과 교류가 있고 친밀한 관계망을 가지고 있다면, 혹 어떤 젊은이들이 우리 집 현관에서 이상한 행동을 하더라도 쉽게 대처할 수 있을 것이다. 즉 그들 중 누군가를 아는 사람을 부를 수도 있고, 바로 위층에 사는 덩치 좋은 사람에게 달려갈 수도 있다. 혹은—이것이 더 낫겠지만—이웃 간의 갈등을 다루는 데 매우 능숙한, 내가 아는 자그마한 아주머니에게 도움을 요청할 수도 있다.

그러나 이런 관계망이 없고 범죄의 증가에 대한 여러 정보만 가지고 있다면, 아마도 나는 문을 잠그고 경찰을 부르게 될 것이다. 그리고 이렇게 함으로써 나는 바람직하지 않은 행동을 자극하고, 또 이러한 행위에 범죄라는 의미를 부여하는 조건을 만들게 될 것이다. 또한 아마도 나는, 이 책을 쓰는 동안 내가 받은 이메일을 수용하게 하는 상황을 야기할 수도 있다.

이 메일은 '아이 돌보미에 대한 감시Spy on your baby-sitter'라는 제목을 가진 거절할 수 없는 제안이었다. 며칠 후 나는 '당신의 십대 아이들이나 아이 돌보미를 조심하세요Watch your teens or keep an eye on the babysitter'라는 제목의 같은 제안을 또 받았다.

CIA나 FBI, 기타 다른 기관들에 의해 전문적으로 사용되는 비밀 무선 카메라입니다. ··· 이것이 작동하는 방식은 다음과 같습니다. 전구 안에 감추어진 소형 카메라는 너무 작아서 아무도 자신이 감시되고 있다고 의심하지 않습니다. 어떤 램프에나 넣으시면 (심지어 욕실의 샤워기 위에서도) 되고, 어두운 곳도 상관없습니다. ··· 그다음 다른 한 부분을 VCR(혹은 모든 종류의 TV)에 연결하시면, 마치 당신이 그 사람 위에서 비디오 카메라를 들고 서 있는 것과 같이 될 것입니다. ··· 비디오 신호는, AC 전압과는 완전히 별도로, 전력선을 '감쌉니다.' 이것은 모든 가정과 사무실에 꼭 필요한 보안 조치입니다.

그런데 다른 위험이 또 있다. 또 다른 이메일은 이에 대한 대책을 준다. 제목은 '어린이들에 대한 괴롭힘을 막아 주세요Stop child molesters'이고, 내용은 5천만 명 이상의 범죄인들에 대한 데이터베이스를 이용할 수 있다는 것이다. 그리고 우리는 다음과

국가가 조절하는 **범죄의 적당한 양**

같은 사실을 알게 된다.

이 위험한 범죄인들 가운데 한 명 이상이 당신의 이웃에 살고 있을 가능성이 높습니다. 미국에서는 한 번에 약 20만 명의 성범죄자들이 등록됩니다. 이들 중 다수는 재범 이상의 범죄인입니다.

성범죄자 데이터베이스에 접속하는 것은 무료이다. 하지만 5천만 명의 파일을 이용하기 위해서는 10달러를 지불해야 한다.

5.3 사소한 진실들

그런데 우리, 즉 주위에 있는 많은 사회과학자들은 무엇을 하고 무엇을 말하고 있는가? 전문가로서 우리는 이러한 모든 것들이 초래하는 결과를 안다. 그러나 우리는 자주, 그리고 강하게 말하지 않는다. 특히 사례나 세부적인 내용을 담아, 구체적으로 말하지 않는다. 우리가 말해야만 하는 것은 우리 시대의 정신에 한참 어긋나는 것이다.

우리는 도시 계획에 대해 안다. 커다란 쇼핑센터가 구도시 외곽에 건설된다. 이점gains은 공사기간 동안 실업이 줄어들고 건설회사와 쇼핑센터를 운영하는 회사의 수입이 증가하며, 아마도 상품이 더 잘 진열되고 더 좋은 주차 공간이 생긴다는 것이다. 하지만 여기에는 형사적인penal 비용이 발생한다. 상품에 대한 절도가 증가하고 가까이에 있던 구도심이 몰락하며, 이에 따라 바람직하지 않은 행위의 양이 늘어나게 된다. 사라져 버린 판매대counters와 동네 가게에 대한 기능적 대체물로 경찰과 경비가 필요해진다.

그래서 우리는 다음과 같이 말할 수 있다. 슈퍼마켓을 없애고, 모든 가게에 손님과 상품 사이에 계산대를 설치하라.

또는 뉴욕 지하철 경찰에 대한 대안으로 다음과 같이 말할 수도 있다. 형사 비용penal costs을 줄이기 위해서 모든 버스와 전차에 차장conductor을 탑승시키자. 범죄 통제를 1차적인 목표로 하지 않는 사람에 의해 수행되는 사회적 통제는, 모든 승객에게 더 안전하다는 느낌을 갖게 할 것이다. 이것은 더 조용한 분위기를 만들고 다른 승객들로부터 더 많은 협조를 이끌어 내며, 강제력을 덜 사용하게 한다. 물론 여기에는 경제적 비용이 든다. 차장에 대한 임금에서 승차권 자동 발매기와 전자감시에 대한 비용을 빼고 보통은 돈을 내지 않던 사람들에게서 받게 된 운임을 더하면 될 것이다.

또는 정말 급진적radical으로 다음과 같이 말할 수도 있다. 빈

국가가 조절하는 **범죄의 적당한 양**

곤은 상대적 현상이다. 그러므로 부자들의 부를 줄이면 가난한 사람들이 그렇게 가난해지지 않을 것이다.

만약 언론인이나 혹은 다른 사람들이 질문을 제기하기만 한다면, 우리는 많은 것에 대해 대답할 수 있다. 그러나 또한 우리는 언론인들이 특별히 관심이 있지 않으며, (우리에게) 돌아오지 않으리라는 것도 안다. 그들은 자유로운 지식인들이 아니라, 더 쓸모 있는 범죄학자들에게 갈 것이다. 이 문제는 8장에서 다시 다룬다.

5.4 구식 러시아

나는 동유럽에 가까이 살고 있다는 특권을 가졌다. 노르웨이와 러시아는 북쪽에서 경계를 맞대고 있다.—바이킹 시대에 일어난 노르웨이의 침략을 제외하면—두 나라 사이에 전쟁은 없었다. 그런데 그보다 더한 것이 있다. 나는 동유럽이 매우 편안하다. 단지 거기가 내가 지금 살고 있는 곳과 비슷하기 때문만은 아니다. (동유럽에 가는 것은) 마치 내 할머니 시대로 되돌아가는 것 같다. 러시아뿐만 아니라 폴란드, 헝가리, 또 다른 많은 동유럽 국가들에 대해서도 마찬가지이다.

왜 그럴까?

분명하게 설명하기는 어렵다. 다소 애매한 직감만 있을 뿐이다. 아마도 그것은 공산주의 때문인 것 같다. 그러나 (공산주의의) 오래된 선전 내용이나 노동자들의 천국으로 돌아가자는 그들의 동화 같은 얘기에서 우리가 들었던 공산주의의 효과와 같은 것들 때문은 아니다. 또 1918년 이후 일어났던 일부 사회들의 변화 때문도 아니고, 특히 그 변화의 효율성 때문은 더더욱 아니다. 정반대로 그 비효율성 때문이다. 자본주의는 서구 나라들을 변화시킬 수 있었다. 기본적 가치뿐만 아니라 그들의 형태를 변화시켜 현재와 같은 단일한 차원의 사회로 바꾸었다. 동유럽의 국가 공산주의 또한 그들의 사회를 변화시킬 수 있었다. 정부의 유형을 바꾸었고, 권력을 가진 사람들도 바꾸었다. 막대한 인적·물적 노력을 들여 많은 사람들의 생활 조건을 향상시켰다. 한마디로 그들은 물질적 구조를 근대화시켰다. 그러나 사람의 정신까지 그렇게 하지는 못했다.

5.5 하나의 다리 이상을 가진 사회

냉전 도중에도 동유럽과 서유럽 전문가들 사이에 교류는 있었다. 1960년대 초반 노르웨이는 소비에트 범죄학자들의 공식적인 방문을 허용하였고, 1968년에는 우리가 그들을 답방하였다.

국가가 조절하는 **범죄의 적당한 양**

그때 이후로 상호교류는 더 빈번해졌다. 내 책, 《고통의 한계 *Limits to Pain*》[*]는 1985년 소련에서 출판되었다. 아마도 거기에서 처음으로 나온 '서구' 범죄학이었을 것이다. 이것은 교류를 더욱 정당화했고 러시아 학자들, 또 이를 통해 다른 동유럽 나라 동료들과의 더 많은 상호작용을 가능하게 하였다.

내가 이렇게 약간의 배경을 설명하는 이유는— 앞에서 말한 것을 정교화하는 것일 뿐이지만—다음에 말할 내용에 신뢰성을 얻기 위해서이다. 이 나라들은 놀라울 정도로 구식old-fashioned이 었고, 지금도 어느 정도는 그렇다. 이들은 서쪽보다 훨씬 낮은 기술적·물질적 수준에서 기능하는 사회였다. 사람들은 국가가 생활에 필요한 물자들을 공급해 주는 것이 전제된 정치체제에서 살고 있었다. 그러나 그 국가는 그렇게 믿음직스러운 배달꾼이 아니었다. 게다가 그곳은 일당one-party체제였고, 정치적 반대는 위험한 일이었다. 사람들은 거리에서 낯선 사람에게 말하기를 원하지 않았고, 다른 사람의 집을 방문하는 것은 그 주인에게 위험한 일이 될 수 있었다. 기차로 동유럽을 떠나는 것은 유쾌하지 않은 경험이었다. 무장한 조사관이 승차하여 화물칸을 자세히 조사했다. 마치 누군가가 그 나라를 탈출하려 한다는 듯이 기차

---

* Nils Christie, *Limits to Pain*, Martin Robertson, Oxford, 1981.

제5장 국가-또는 이웃?

밑을 비춰 보고, 총을 찬 채 개를 데리고 수색한다. 그것은 마치 교도소를 떠나는 것 같았다.

부족한 물자와 넘쳐 나는 국가 통제를 생각해 보면, 많은 사람들이 자신을 보호해 줄 다른 체제를 찾았던 것은 전혀 놀라운 일이 아니다!

최근에 나는 손녀를 데리고 러시아에 갔다. 세미나는 아스트라칸Astrakhan에서 열렸는데, 그곳까지 가는 동안 참가자들 사이에 이야기를 나눌 수 있는 충분한 시간이 있었다. 사람들은 대부분 같은 말로 대화를 시작했고, 14세인 내 손녀는 따뜻하게 환영받았다. 하지만 잠시 후에는 언제나 심각한 질문이 던져졌다. 너는 앞으로 뭘 하려고 하니? 무슨 공부를 하고 어떤 일을 할 생각이니? 아이는 절망에 찬 눈으로 나를 바라보다가, 마침내는 반복되는 질문에 익숙해졌다. 노르웨이의 일반적인 십대 청소년들과 마찬가지로 그녀에게 삶은 열려져 있었다. 그녀는 의무 교육을 마칠 것이고, 어쩌면 일 년쯤 해외여행을 하거나 대학에 가거나 혹은 돈을 벌기 위해 몇 년 정도 직장생활을 할 수도 있을 것이다. … 그다음은 아마도 몇 년쯤 공부를 더 할 수도 있다. 하지만 이것은 분명히 할아버지가 간여할 수 있는 선택이 아니다. 그녀는 내게 "나는 집에서, 딱 한 번 외에는, 그런 질문을 받아 본 적이 없어요"라고 말했다. 그러나 나는 러시아 동료들로부

국가가 조절하는 **범죄의 적당한 양**

터 전해 오는 비난을 느낄 수 있었다. 그들은 나를 나쁜 할아버지라고 생각했다. 매우 똑똑하고 활기찬 손녀에게 전혀 관심이 없고, 아이를 올바른 직업으로 이끌어 주지 못한다는 것이다!

　내가 미리 준비를 했어야 했다. 수년 동안 나는 동유럽 지식인의 생존 능력을 익히 들어 알고 있었다. 노동 계급을 위해 만들어진 이 사회에서, 나는 부모 가운데 한 명 혹은 두 명 모두, 종종 조부모 또한, 학자가 아닌 학계 인사를 거의 만나지 못했다. 아마도, 잘은 모르겠지만, 아마도 이것은 러시아 사회의 다른 분야에 비하면 특별한 경우일 것이다. 결핍 그리고 강력한 국가의 일상적 통제하에서, 가족 그리고 가족의 가치는 서유럽보다 훨씬 중요한 것이 되었다. 물자의 부족은 세대를 서로 가까이 지낼 수밖에 없도록 만들었다. ―임신했을 수도 있는― 젊은 커플을 위한 유일한 주거 공간은, 부모 집의 방 한 칸 혹은 그 일부이다. 아이들이 생긴다면, 부모 모두는 생존을 위하여 돈을 벌어야 한다. 예전의 노령연금이 없어지기 시작했으므로, 할아버지와 할머니는 매우 소중한 존재가 되었다. 또는―이것이 있는 사람들에게는 너무나 좋은, 작은 여름 별장인―다차datcha는 확대 가족extended family에게는 재산이고, 아이들을 위한 공간이며, 가족 모두를 위해 채소를 키울 수 있는 곳이기도 하다. 이런 체제에서 국외자outsider가 된다는 것은 심각하게 위험한 일이다.

제5장　국가-또는 이웃?

사회적 자본social capital은 물질적 실재성material realities을 갖는다.

일당 국가one-party state의 어두운 면은 같은 방향으로 압력을 행사한다. 이런 체제에서는 반드시 정보원informers이 필요하다. 독일연방공화국(옛 동독)Federal Republic of Germany이 붕괴한 이후 슈타지Stasi*의 기록에서 이 사실은 분명히 입증되었다. 당신은 누가 정보원이었는지 분명히 알지 못할 수도 있다. 아마도 (그러나 확실치는 않다) 가까운 가족은 아니었을 것이다. 체코의 브루노Brno 출신인 통찰력 있는 사회학자 이보 모스츠니Ivo Moszny는 대화를 할 때나 혹은 강의에서 이 현상을 반복적으로 지적했다. 나는 그를 '프라하의 봄', 그러니까 정치적 압제가 줄어든 잠깐 동안의 시기에 만났다. 그 특별한 봄이 지나갔을 때, 그는 구조받은 대열에 서 있었다. 그는 이전에 있던 대학에서 수위janitor 자리를 얻었다. 지금 그는 같은 학부의 학장이다. 예전에 한 그룹의 스칸디나비아 범죄학자들이 노르웨이 버스를 타고 폴란드, 그리고 그때는 체코였던 지역을 지나 빈으로 여행을 했다. 이때 그는 여전히 수위였다. 그는 버스 안에서, 즉 국가 통제의 감시 밖에서 놀랄 만한 강의를 했다. 그가 말했던 것은, 정확하게 전체주의 국가에 저항함에 있어서 가족의 중요성에 대한 것이었다.

* Staatssicherheit의 약칭. 1950년부터 1990년까지 존재했던 옛 동독의 국가보안부(Ministerium für Staatssicherheit, MfS)를 말한다.

국가가 조절하는 **범죄의 적당한 양**

국가에 의해 통제되는 삶에 대한 대안으로서 수많은 자그마한 개펄들lagoons이 만들어져 있었다. 가족도 그 가운데 하나였다. 지나간 시절의 문화, 유산, 거대한 소설들, 음악, 시 등도 마찬가지다. 궁핍하게 사는 것 또한 대안적 삶의 여지를 줄 수 있다. 이것은 오늘날 러시아와 그 인접 국가들에서 사람들이 접하게 되는 문화적 관심에 대한 하나의 설명이다. 하지만 아마도 여기에는 단지 전체주의 권력으로부터의 피난처가 되는 것 이상의 의미가 있다. 아마도 뚜렷한 문화적·미적 흥미는 러시아적인 것의 깊은 특징인 것 같다. 아마 이것은 물질적 풍요로움보다 더 오래갈 것이다. 이를 결정하는 시험은 다행히도 지금 우리에게 가까이 있지는 않다.

————

그러나 소비에트의 유산은 그렇게 먼 과거의 일은 아니다. 이 문제로 돌아가 보자.

5.6 폴란드 학생들

나는 폴란드에서 강의를 해 달라는 요청을 받았고, 위에서 말한 주제들에 관해 말했다. 비공식적 사회연결망이나 이웃 사람들을 알고 있어야 한다는 것, 국가 통제 대신에 일차적 통제가 필요하다는 것 등. 나는 (청중의) 의아한 표정을 보았다. 당연히 그럴 것이다. 이웃을 의심하도록 교육받고 또 그 이웃이 체제를 위한 스파이일 수 있는 상황에서, 왜 위험할 수 있는 유대를 만들어야 하느냐는 반문이 돌아올 것이다. 이것은 일당 국가에서 살아가도록 훈련되는 것이 초래하는 심각한 비용 가운데 하나이다.

동유럽에서 중재적 혹은 회복적 정의mediation or restorative justice 를 도입하려 할 때, 똑같은 문제가 나타난다. 그들은 이와 비슷한 회복적 정의의 경험을 갖고 있다. 가정위원회house committees 나 마을위원회neighbourhood committees, 또는 공장 내의 노동자법원worker's courts도 있었다. 감사하게도(!), 그 이상은 없었다.

이제 이해하기가 쉬워진다. 그들은 이 모든 것들을 가지고 있었지만, 그러나 정치적으로 엄격하게 지배받았다. 아마도 결정은 중재자가 했겠지만, 그들은 또한 당원이었다. 대안적 갈등해결alternative conflict solutions은 서유럽에서는 큰 관심을 끌었지만, 동유럽에서는 별로 환영받지 못했다. 그리고 여기에는 그럴

국가가 조절하는 **범죄의 적당한 양**

만한 역사적인 이유가 있다.

그러나 이 또한, 갈등을 다루는 시민적 방법을 도입함으로써 국가를 통제하려는 서유럽의 시도를 위한 중요한 경험일 수 있다. 이 주제로 돌아가 보자.

제 6 장

형벌 없는 사회

6.1 정의의 두 가지 유형

우리는 다음과 같은 장면을 잘 안다. 여자들이 우물 혹은 강변 어딘가에 자연스레 모여 있다. 그들은 여기에 거의 매일, 같은 시간에 온다. 물을 긷고 빨래를 하며, 이런저런 정보를 교환하고 평가를 한다. 대화의 출발점은 종종 구체적인 행위나 상황이다. 이런 일들이 묘사되고 과거의 비슷한 일과 비교되며, 평가된다. 그 일은 옳았는가 아닌가, 그 사람은 예쁜가 그렇지 않은가, 그것은 (그의) 강함 혹은 약함을 드러내는 것인가 아닌가 등등. 남자들도 종종 모임에서 똑같이 한다. (항상 그렇지는 않겠지만) 천천히 어떤 일에 대한 공통의 이해가 나타나게 된다. 이것은 상호작용을 통해 규범이 형성되는 과정이다. 이것을 **수평적 정의**horizontal justice, 즉 밀접한 관계로 말미암아 상당히 평등한 사람들에 의해 만들어지는 정의라고 해 보자. 물론 완전한 평등은 아니다. 누구는 더 좋은 옷을 입고 있고, 누구는 더 좋은 집안 출신이며, 어떤 이는 더 많은 위트가 있다. 그러나 바로 다음에 설명하는 것과 비교하면, 이들은 평등하다. 그리고 이들의 결정은 절차에 대한 참여에 그 근거를 두고 있다.

수평적 정의에는 다음과 같은 세 가지 주요 특징이 있다.

1. 결정은 **지역의 특성**을 반영하여 이루어진다. 멀리 떨어진 마을에서 사건이 어떻게 해결되는가에 대해서는 관심이 적을 수밖에 없다. 문제가 되는 것은 지금 여기이고, 단지 과거나 미래와 비교될 뿐이다. 이것은 지역에 따른 불평등으로 이어질 수 있다. '같은' 행위가 A 지역에서는 B나 C 지역에서와 다르게 평가되는 것이다. 하지만 각 지역의 의견은 모두 정의를 달성한 것으로 볼 수 있다.
2. 적합성relevance의 문제는 법체계에서와는 매우 다르게 다루어

진다. 적합성은 중요한 사안인 것 같지만, 수평적 정의의 관점에서는 미리 정해진 해결책이 없이 처리된다. 적합성은 절차 자체를 통하여 형성된다. 당사자가 적합하다고 보는 것이 적합한 것이다. 적합성에 대한 최소한의 합의가 모든 이해 당사자들 사이에서 만들어져야 한다. 15년 전에 카리Kari가 퍼Per에게 모욕을 당했다는 사실은, 카리의 여동생이 퍼의 남동생을 타르tar로 덮어씌워 칠한 사건을 논의하는 모든 사람들에게 상당히 중요한 일로 여겨질 수 있다.

3. 우물가에서는 보상compensation이 보복retribution보다 더 중요해진다. 이것은 작은 규모의 사회가 갖는 몇 가지 구조적 요소와 관련된다. 이런 사회는 종종 상대적으로 평등하다. 반드시 모든 사람이 부나 특권의 측면에서 평등하다는 것이 아니라, 만약 갈등이 생겼을 때 당사자들이 자신의 친족이나 친구와 동맹을 맺어 상대방과 비슷한 정도가 될 때까지 움직인다는 점에서 그렇다. 또 많은 경우 이런 사회는 처분권이 있는 외부적 권력기관으로부터 멀리 떨어져 있다. 이것은 그들 자신이 갈등을 해결해야 한다는 것을 뜻한다. 당사자들은 예전부터 서로를 알고 있었고, 앞으로 함께 살아가야만 한다는 것도 안다. 이들은, 현대인이 하는 것처럼, 갈등이 생겼을 때 바로 관계를 단절하고 다른 사회체제로 옮겨 갈 수 없다. 형

국가가 조절하는 **범죄의 적당한 양**

벌은 이런 체제에서 특히 역기능을 갖는다. 붕괴되기 쉬운 체제에서, —의도된 고통의 부과인—형벌은 내전을 향해 나아가는 것과 같다. 외부 권력기관은 멀리 떨어져 있고 달리 갈 곳도 없으며 우월한 권력도 없는 곳에서는, 고통보다 보상이 자연스러운 해결책이 된다.

———————

다른 장면이 있다. 산에서 내려온 모세Moses는 돌판에 새겨진 규칙을 가지고 왔다. 이것은 산꼭대기보다도 더 높은 곳에 있는 누군가가 그에게 명령한 것이다. 모세는 단지 전달자였을 뿐, 수범자는 저 위로부터 통제받는 사람들—즉 대중populace—이었다. 한참 후에 예수Jesus와 마호메트Mohammed도 같은 원리에 따른 역할을 했다. 이것이 여기에서 수직적 정의vertical justice라고 부를 전형적인 경우이다.

모세와 그의 수직적 정의의 상황은 수평적 정의의 그것과는 다르다. 돌판에 새겨진 규칙을 통해 일반적 타당성이 존재한다는 생각이 등장한다. 같은 경우들은 같게, 규칙에 따라 처리되어야 한다. 그러나 모든 상황을 고려했을 때 같은 사건은 결코 없다. 당연히 그럴 것이다. 그래서 형식적인 법에서는 모든 것이

고려될 수 없다. 비슷하거나 같은 것으로 여겨질 수 있는 경우를 만들기 위하여 행위를 둘러싼 대부분의 요소들을 없애는 것이 필요해진다. 이 과정은 **부적합**irrelevant한 것을 삭제하는 것이라고 일컬어진다. 그러나 무엇이 부적합한 것인가 하는 것은 가치 판단의 문제이다. 그래서 형평을 위해서는 부적합성에 대한 규칙을 만드는 것이 필요하다. 이것은 독단적으로dogmatically 결정된 부적합성이다. 일반인들이 자주 경험하듯이, 법률가들은 사람들이 최선의 주장이라고 믿는 것을 법원에 제출하지 못하게 한다. 이것이 우리가 법과대학 학생들을 가르쳐 (실제 사건에) 적용하게 하는 것이다. 이러한 유형의 정의는 고려할 수 있는 것에 대한 어떤 제한을 설정함으로써 달성된다. 그렇게 하지 않으면 이 구조에서는 형평을 이룰 수 없을 것이다. 이 점에서 적합성의 문제가 그 절차에 참여한 사람들 사이에서 결정되는 수평적 정의와는 크게 차이가 난다.

수직적 정의, 그리고 그 절차에 포함되어 있는 사회적 거리와 더불어, 의도된 고통으로서의 형벌을 적용하게 하는 상황이 만들어진다.

근대성은 대체로 우리가 알지 못하는 그리고 앞으로도 알지 못할 사람들 속에서의 삶을 의미한다. 이것은 형법이 대단히 쉽게 적용될 수 있는 상황이다. 형법과 근대라는 시간은 서로 잘 어울린다.

6.2 형식적 법의 성장

2년마다 독특한 한 책의 새 판본이 내 사무실로 배달된다. 이것
은 오슬로 대학의 법학과에서 출판한 것이다. 이 책은 붉은색이
며 크고 두껍다. 심지어 '성경 용지Bible paper'*에 인쇄되어 있다.
1930년에 이 책은 2,099쪽이었는데, 2002년에는 3,111쪽이 되
었다. 이 책은 1687년부터 지금까지 모든 노르웨이의 실정법을
담고 있다. 이 책의 새 판본을 가지고 있지 않은 법률가는 없을
것이다. 법과대학 학생들은 종종 이 책을 팔에 끼고 다닌다. 의
과대학 학생에게 청진기가 그렇듯이, 이 책은 법학과 학생에게
상징적 역할을 하는 것이다.

　책에 수록된 법 이외에 요즘은 전자적으로 수신되는 메시지들
도 있다. 법률 데이터베이스에 연결된 모든 법 전문가들은 아침
커피와 함께 최근의 판례들을 화면에 불러낼 수 있다. 그리고 그
들 모두는, 중요한 법률가로 인식되고 싶다면, 이러한 연결을 가
져야만 한다. 고도로 산업화된 모든 나라에서 법원은 끊임없이
전자자료를 업데이트한다. 형사법원의 경우 미국식의 양형기준

* 　보통 성경을 인쇄하는 얇고 질긴 용지. 'India paper'라고도 한다.

표는 금방 낡은 것이 되어 버린다. 범죄인과 범죄 행위에 대한 정보 및 '경력profile'의 세부 내용이 전자자료에 추가된다. '비슷한' 사례의 양형 범위는, 의무적으로 따라야 하는 것은 아니지만, 다른 법관들이 어떻게 판단했는가에 대한 설득력 있는 예이다. 돌에 새겨진 것으로부터 통상의 형벌에 대한 도표가 화면에 나타나는 방식으로 바뀐 것이다. 전자적 혁명은 평등주의적 정의egalitarian justice가 아니라 피라미드식pyramidal 정의를 만들어 내었다.

이 과정에서 우물가와 같은 비공식적인 논의가 이루어지는 수많은 장들arenas이 문을 닫는다. 카페가 어느 정도 이를 대신하기는 하지만 말이다. 오래된 마을 또한 많이 사라졌다. 하지만 최근에는 새로운 형태의 마을이 생겨나기도 했다. 여기에서 벌어지는 일들은 수평적이고 참여적인 정의체제가 상당한 힘을 가지고 있다는 사실을 보여 준다.

6.3 지구촌 마을

우물가의 여자들은 아마도 이러한 상황들을 달리 볼 것이다. 그들은 자신들이 한 구별에 그렇게 썩 자신이 없어 보였다. 무엇이 어떻게 된 일이고, 그 사람은 누구지? 하지만 이제 더 이상 우물가에 그들은 없다. 그 대신, 힘과 중요도 면에서, 새로운 유형의 중재자들이 성장했다. 바로 커다란 경제 기업들이다.

현대 사회에서는 마을이 사라졌다고들 한다. 단지 그 안에서 잠만 자는 빈 껍데기만 남았다는 것이다. 우리는 운명적으로 거대 도시에서 낯선 사람들과 함께 살아야 한다. 이 말은 맞기도 하고 틀리기도 하다. 마을들은 사라졌다. 하지만 지구촌 마을이 남아 있다.

오늘날 중요한 마을에 대해 연구하려 한다면 시골이 아니라 그 나라의 가장 중심부로 가야 한다. 말 그대로, 도시로 가야 하는 것이다. 런던, 월가Wall Street, 도쿄나 싱가포르의 중심 구역, 혹은 심지어 오슬로 등. 거기에서 가장 잘 보호되고 있는 건물을 찾아 이를 차지하고 있는 주요 기업에 접근하려 시도해야 한다. 노르웨이에서 이것은 큰 석유회사 중의 하나이거나 또는 어쩌면 대형 로펌 가운데 하나일 것이다. 이들의 사무실에 들어가는 것은 아프리카 마을의 오두막에 들어가는 것과 비슷하다.

이런 말도 안 되는 것absurdity에 대해 무슨 말을 할 수 있을까? 세 가지 이유를 들 수 있다. 아래에서 이를 열거할 테지만, 내가 (상황을) 단순화하고 전형적인 유형을 묘사할 수밖에 없다는 점을 이해해 주기 바란다.

첫째, 현대의 오두막에서 살고 있는 사람들은, 예전과 기능적으로 유사한 방식으로, 그들의 이웃과 연결되어 있다. 전화, 가끔은 TV 화면과 함께, 바다 건너편 사람들과의 전화 회의, 팩스, 이메일 등. 《파이낸셜 타임스*Financial Times*》, 《월스트리트 저널 *Wall Street Journal*》, 《이코노미스트*The Ecomonist*》 등을 읽는 공통의 문화적 배경을 가지고, 이들은 함께 연결된다.

둘째, 예전 마을 사람들이 그랬듯이, 이들은 서로 밀착되어 있다. 이용 가능한 다른 지구는 없다. 여기에 계속 남아 있지 않으면 사막으로 떠나야 한다는 것을 이해하면서, 이들은 지구에 산다.

셋째, 외부의 권력기관은 멀리, 그리고 제한된 권력만을 가지고 있다. 하나의 로펌이 법무부와 내무부 전체를 합친 것보다 법적으로 훈련된 더 많은 인원을 가지고 있을 수도 있다. 그들은 그들의 지배자들보다 법에 대해 더 잘 알고, 더 많은 자료들을 처리한다.

이러한 상황은, 갈등이 생겼을 때, 이들을 예전의 마을 사람들과 비슷하게 만든다. 달리 갈 곳이 없으므로, 이들은 관계를 계속 유지한다. 보호를 요청할 외부 권력기관이 없으므로, 이들은 다시 일상적인 마을의 행동을 할 수밖에 없다. 이들은 시민적인 방법civil means으로 갈등을 해결해야만 한다. 개인적인 경험이나 사회 인류학으로부터, 우리는 마을에서 다른 사람을 처벌하려는 시도는 관계의 단절을 뜻한다는 것을 안다. 이것은 전쟁을 초래한다. 외부의 권력기관이 없고 사람들이 계속 남아 있으려 하는 마을에서의 갈등은, 대부분 그 당사자들이 일종의 힘의 균형을 이루기 위해 연대하는 형태를 띠게 된다. 이러한 기초 작업이 이루어진 후에, 그들은 서로 만나서 시민적 해결을 위해 노력한다. 잘못된 행위가 있었다 할지라도, 관계를 계속 유지하려 하는 곳에서는 범죄인에 대한 형벌이 아니라 피해자에 대한 배상이 주된 해답이 된다. 여느 마을 사람들에게처럼, GEGeneral Electric에게도 마찬가지이다.

형법은 어떤 목적을 위해서는 완벽한 도구이지만, 다른 것에 대해서는 서투른 수단일 뿐이다. 이것은 우리로 하여금 많은 관심사항들을 없애게 하고, 전부 아니면 전무—즉 유죄 아니면 무죄—라는 이분법에 근거하고 있다. 많은 경우에 우리는 절반의 유죄이다. 이 절반의 유죄가 다른 당사자가—또는 그 혹은 그녀와 관련된 사람—이전에 했던 잘못과 함께 파악된다면, 타협의 가능성이 열리게 된다. 시민적 해결책은 상호작용하는 개인들의 집단으로서 사회체제를 존속시키려 한다는 점에서 더 통합적이다.

마을 법에서의 경우와 유사하게, 지구촌의 법률가들은 가장 먼저 상황의 전체성totality of situation을 고려하여, 검swords을 쓰는 것보다는 평화로운 타협과 배상의 방법을 모색할 것이다. 다른 평화주의자나 중재자들과 마찬가지로 이들은 높은 존경을 받으며, 우리 문화에서는 보수 역시 많이 받는다. 높은 명성이 없다면, 마을에 따라서는 평화적인 해결책을 찾는 데에 어려움이 있을 것이다. 따라서 이들은 정치적 중립성을 유지하고, 낮은 존경심을 보이는 의뢰인들로부터 자신의 명예를 지킨다. 많은 보수는 높은 존경에 따라오는 것이다. 돈이나 특권뿐만 아니라, 아마도 이들은 다른 법률가들보다 더 재미있게 일할 것이다. 지구촌 마을의 경제·행정적 체제의 한계 내이지만, 이들은 다시 전체적인 맥락에서 일을 할 것이기 때문이다. 이들은, 예전의 부족 구성원들이 법을 찾아내고 모든 당사자가 같이 살아갈 수 있는 해결책을 함께 모색해 가는 즐거움, 또 그리하여 결국 그들의 체제에 평화를 창조하는 만족감을 느낄 것이다. 전쟁을 향한 전문적인 활동이 아니라, 이들은 평화를 향한 전체적인 활동을 하는 것이다.

문제는, 이 법률가들이 지구촌에서 재미있게 일하는 것이 왕왕 남아 있는 지역 마을을 파괴하는 원인이 된다는 것이다. 경제에 관한 그들의 결정은 산업화라는 세계적 개발을 추진하는 힘의 일부분이다. 그들의 활동은 근대화 과정의 핵심 요소 가운데 하나이며, (그들과) 다른 종류의 법조인들이 필요한 조건을 만든다. 이 사람들은 우물가에서 갈등을 해결하는 시민적인 사람들과는 전혀 다르다.

―――――――

그렇다면 지금까지 나는 무엇을 말한 것인가?

나는 갈등을 다루는 두 가지 방식, 즉 모세의 방법과 우물가 여자들의 방법을 설명했다. 그리고 두 해결책 모두 적용되는 경우가 증가하고 있음을 지적했다. 형법(의 적용)도 많아지고 있지만, 중재에 대한 관심도 늘어나고 있다.

6.4 형벌의 폐지?

형벌 문제에 관한 논의에서 주요 입장 가운데 하나는 **폐지론** *abolitionism*이다.

폐지론자들은 다음과 같은 질문을 제기한다. 어떤 논리와 윤리가 형벌을 평화적인 타협peacemaking보다 확실히 더 우선적인 것priority으로 만드는가? 당신은 나의 한탄스러운deplorable 행동 때문에 눈을 잃었지만, (그 대가로) 나는 내 집을 줄 것이다. 당신은 위험한 운전으로 나를 다치게 했지만, 나는 당신을 용서했다. 형벌은 의도된 고통이다. 의도된 고통의 부과가 상실된 가치를 회복시키는 수단으로서 더 우월한가? 그러한 형벌이 화해나 회복, 용서에 비해 더 이점이 있고 따라서 우선적인가? 나는 이러한 질문들의 배경 입장에 동의한다. 하지만 폐지론자들의 모든 주장에 따를 수는 없다.

그들 가운데 가장 급진적인 사람들은 형법과 공식적인 형벌을 모두 없애 버리려 한다. 그러나 이런 입장을 끝까지 밀어붙인다면, 다음과 같은 몇 가지 문제가 발생한다.

첫째는 화해절차 또는 가능한 합의에 도달하는 과정에 참여하기를 원하지 않는 사람들의 문제이다. 어떤 범죄인들은, 용서를 구하는 것은 말할 것도 없고, 피해자를 직접 쳐다보지도 못한다. 그들은 공포에 빠져 비인격적인impersonal 법정절차를 원할 뿐이다. 또 화해를 바라지 않는 피해자도 있을 것이다. 그들은 범죄인이 처벌받기를 원한다. 이 두 경우에 형사법절차가 개시된다. 현대 국가에서 민사적 갈등 해결 절차에는 거의 언제나 형법적 해결이 이용 가능한 대안으로 존재한다. 그 결과 어떤 사람은 민사사건에서 용서받고, 다른 사람은 (형사사건에서) 처벌될 수 있다. 하지만, 모두 다는 아니라도, 일부의 사람들이 용서받는 것이 윤리적 원칙에 반하는 것은 아니다. 처벌받은 사람은, 회복이 이뤄지지 않았을 때 그들이 접하게 될 것을 만나게 된다.

용서받은 사람은, 아마 조금 덜 받게 될 것이다. 어떤 사건에서 용서가 중간적인 대안으로 존재한다면, 이것은 아마도 일반적으로 그 체제 내부의 형벌 강도severity를 줄일 수 있을 것이다.

형벌이 완전히 폐지되었을 때 생길 수 있는 또 하나의 문제는 화해절차가 타락할degenerate 수 있다는 것이다. 범죄인이나 그의 가까운 친족은 절망에 빠진 상태에서 문제를 더 우호적인 방향으로 돌리기 위해 너무 많은 것을 약속할 수도 있다. 조정자나 중재인, 그 밖의 절차 참여자들은 이런 일을 막고 해당 사건을 형사 법정으로 돌려보내야만 한다. 또 피해자가 다른 당사자로부터 과도한 압력을 받을 수도 있다. 남성들이 갈등을 해결하는 기구를 지배하고 피해를 당한 여성들은 계속해서 억압을 당한 작은 공동체들의 사례가 있다.

국가적 차원의 갈등에서 같은 문제가 제기될 수 있다. 로라 네이더Laura Nader는 이를 다음과 같이 표현한다.

> 잘 정리된 현장 조사는, 화해절차가, 화가 나서 말하거나 행동하는 토착 민족들indigenous peoples의 불만을 가라앉히기 위해 얼마나 강제적으로 작동하는지를 잘 보여 준다. •

Laura Nader, *The Life of the Law: Anthropological Projects*, University of California Press, Berkeley, Los Angeles, London, 2002, p. 127.

제6장 형벌 없는 사회

...

ADRAlternative Dispute Resolution, 대안적 분쟁해결절차는 법적 절차를 조정하기 위한 기획, 즉 대중에 의한 소송을 막기 위해 소송의 폭발이라는 상상의 언술로 위장한, 법과 경제 분야에서 권력적 이해관계가 있는 부분에 대한 시도인 것으로, 바로 그렇게 보이기 시작했다.•

아무리 중재를 하고 싶다 해도, 형사 법정에서의 의식rituals과 기구arrangements가 중요한 보호적 기능을 한다는 것을 잊으면 안 된다. 긴장이 매우 높을 때 심지어 곧장 폭력의 위험이 있을 때에도, 형사 제도의 엄격하고 또 매우 지루하며 재미없는 의식은 진정 효과calming effect를 낼 수 있다. 법정절차는, 교회 의식—또는 요즘 빠르게 성장하고 있는 '인간 도덕적 의식human ethical rituals'—이 사랑하는 사람의 장례식에서 고통을 견디게 해 주는 것처럼, 갈등의 일정한 상황을 참을 수 있게 해 준다.

한 개인이 조직에 대항할 때에는 특별한 상황이 만들어진다. 예컨대 커다란 회사에 맞선 가게 절도범, 지방자치단체와 (공공시설에) 그래피티를 하는 젊은이, 지하철공사와 무임승차한 사람

• ibid., p. 144.

등의 관계가 그렇다. 여기에서 문제는 서로 권력이 불균등하다는 것뿐만 아니라 한 당사자가 커다란 조직을 대표한다는 데에 있다. 그에게 갈등은 대단히 일상적인 일이며, 이에 대한 개인적 이해관계는 별로 없을 것이다. 반대로 다른 당사자는 처음으로 이러한 일을 겪는 것일 수 있다. 노르웨이의 공식적인 중재 제도는 주로 단순 절도범들을 처리하는데, 이것은 중재와는 잘 어울리지 않는 사건들이다. 중재 제도는 위장된 소년법원으로 쉽게 변질된다. 회이가르트Høigård는 그래피티에 대한 그녀의 책,《거리 화랑Street Galleries》에서 이에 대해 매우 적절한 비판을 한다.* 그녀가 보기에, 이 같은 중재위원회에서 진행되는 것은 아이들에 대한 처벌이다.

큰 회사나 지하철공사, 지방자치단체의 최고 경영자가 위원회에 중재인으로 포함된다면, 사정은 달라질 것이다. 이런 경우에는 상점이 어떻게 조직되었는지, 젊은이들이 참기 어려운 유혹을 느끼도록 한 것은 아닌지, 이윤을 높이기 위해 판매원을 너무 적게 둔 것은 아닌지와 같은 질문들이 제기될 수 있다. 또 벽에 그려진 그래피티가 커다란 속옷 광고보다 더 예쁘고 흥미로운 것은 아닌지도 물어볼 수 있다. 이러한 모임은 일반적으로 사회

* Cecilie Høigård, *Gategallerier*, Pax, Oslo, 2002, pp. 288~293.

체제를 위하여 매우 유익한 것이 될 수 있다. 그러나 이것은 아마도 이상에 가까울 것utopian이다.

형사절차가 필요한 세 번째 경우는 실제 피해자가 없는 때이다. 예를 들어 어떤 신념에 반하는 행위가 여기에 해당한다. 어떤 사람이 신이나 알라Allah를 비난하였는데, 이것은 그 나라에서 심각한 죄sin로 여겨질 수 있다. 또 어떤 사람들이 자기 자신과 자신의 신체에 대해 하는 행위를 규제할 필요도 있을 수 있다. 현재 마약 사용에 대한 대응이 대표적인 예가 될 것이다.

다음으로 간단한 규제가 필요한 다소 사소한 문제들이 있다. 어떤 운전자들은 자기들 마음대로 속도를 내고 싶어 한다. 이에 대해서는 운전면허 취소나 차량 몰수와 같은 민사적 조치들이 취해질 수 있지만, (이러한 조치가) 항상 충분한 것은 아니다. 최후의 수단으로 형벌이 남겨져 있어야 한다.

어떤 사람들에게는 위에서 말한 모든 것들이 중요하게 느껴지지 않는다. 그들은 여전히 형벌을 원한다. 그들은 '사회가 그렇게 해야만 한다'고 말한다. 형벌의 효용이나 실제 쓰임과는 관계없이, 어떤 행위들은 너무 끔찍하므로 반드시 사회의 보복을 받아야만 한다. 그들의 주장은 이것이다.

국가가 조절하는 **범죄의 적당한 양**

6.5 어느 겨울밤

내가 이 장을 쓰고 있는 바로 그 주에, 4만의 오슬로 시민들이 거리로 나왔다. 2월의 첫날이었고, 어둡고 매우 추웠다. 강한 북극의 바람이 거리를 휩쓸며 지나갔고 기온은 영하 13°C였지만, 그곳에 함께하는 것은 따뜻했다.

　이 모든 것에 대한 이유는 벤저민Benjamin이었다. 그의 친구들이 연설을 했고, 총리도 했다. 젊은 여성은 노래를 했다. 그런 다음 엄숙한 행렬이 거리를 따라 이어졌다. 벤저민은 3일 전에 살해당했다. 그는 그때 막 15살이 되었다. 나치 이념을 가진 세 명의 젊은이에게 칼로 찔렸다. 나라 전체의 분위기는 '이제 그만 되었다enough is enough'는 것이었다. 벤저민은 검은 피부를 가지고 있었다. 1년 전에 그는 TV 국영 채널에서 노르웨이의 인종주의를 비난했었는데, 아마 그것이 그의 죽음의 한 이유가 되었을 것이다.

　행렬은 보편적 가치의 선언이었고, ―다이애나Diana를 위한 꽃이나, 무덤 앞의 촛불 또는 끔찍한 일이 일어난 장소에서와 같이―새로운 유형의 장례 의식의 한 사례였다. 언론은 이 사건을 대대적으로 보도했고 대중의 참여를 독려했다.

　그러나 '이것으로 과연 충분한가?'

나치 이념의 확산과 조직의 수립을 막기 위해서는 많은 것들이 이미 행해졌다. 나치 그룹에 관련된 젊은 사람들이 그곳으로부터 나와 일상적인 생활로 돌아가도록 돕기 위해, 국가는 젊은 활동가들에게 보수를 지급한다. 부모와 학교도 적극적이고, 연구자들은 그들의 행동과 동기를 이해하고자 나치 그룹에 접근을 시도한다.[1]

그러나 다시, 이것으로 충분한가? 두 명의 젊은 남자와 한 여자에게 유죄가 선고되었다.[2] 이런 경우를 회복적 정의의 관점에서 생각하는 것이 가능한가? 인간 생명이라는 가치가 침해되었다. 이뿐이 아니다. 이 (살해) 행위는, 적어도 이를 시작할 때에는, 이것이 긍정적인 행동이며 저질less valuable 문화 또는 심지어 저질 인종에 의한 침략에 맞서 싸우기 위한 운동이라고 생각했을 사람들에 의해 이루어졌다. 그럼에도 여전히 이 또한 회복적 정의가 적용될 수 있는 경우라고 주장할 수 있을까?

또 다른 어려운 사례가 있다. 최근에 모든 노르웨이 사람들은 남쪽 숲에 있는 조그만 호수로 수영하러 가던 두 작은 소녀에 대한 살해 사건으로 큰 충격을 받았다. 그들은 성적으로sexually 괴롭

국가가 조절하는 **범죄의 적당한 양**

힘을 당했고 살해되었다. 젊은 두 남자가 유죄 판결을 받고 장기형이 선고되었다. 그중 한 명은 법정을 떠날 때 웃는 것처럼 보였다. 사람들은 분노했고, 나도 마찬가지였다.

그럼에도 불구하고 이야기의 다른 결말을 상상하기 위해 노력해 보자. 만약 중재 절차가 마련되고 오랜 과정을 지나 (피해자의) 친족이 다음과 같이 말했다면 어떻게 되었을까? "당신들은 우리 아이를 살해했다. 그러나 우리는 당신들을 용서했다. 과거 당신들의 삶의 행적과 당신들의 진지하고 깊은 반성을 받아들여, 우리는 당신들을 용서했다. 우리는 당신들이 교도소에서 긴 시간을 보내야만 한다면 당신들의 미래가 어떻게 될 것인지를 안다. 그래서 우리는 당국에 당신들을 석방해 달라고 요청한다." 친족이 이렇게 말하고 사법 당국이 이를 따랐다면 어떻게 되었을까?

나는 이것이 우리의 깊은 근저에 있는 도덕성에 합치하는 해결책임을 의심하지 않는다. 하지만 동시에 나는 이런 일이 있을 것이라고 기대하는 것이 완전히 비합리적이라는 데에도 전적으로 동의한다. 더구나 살해당한 아이들의 가장 가까운 친족에게 이러한 결론으로 이끌 수 있는 협상 절차에 참여해 달라고 요구할 수 없다는 것은 더 말할 것도 없다. 이 친족이 범죄인들에 대해 형벌을 선택하는 것은 충분히 이해할 수 있는, 그리고 도덕적으로도 비난할 수 없는 일이다. 그러나 설령 중재가 된다고 해도, 거기에서—즉 용서로—**끝났다고** 생각할 수 있을까? 사건이 여전히 검사와 교정 당국에 속해 있다는 점이 왜 분명한 것이어야 하는가?

모든 피해자들과 사망자의 유족 모두가 용서가 우선되어야 한다고 말한다 할지라도, 아마도 어떤 사회학자는 에밀 뒤르켐 Emile Durkheim을 인용하여 그 특정한 사회의 통합을 위해서는 혐오스러운disgusting 행위에 대해서 형벌이 부과되어야 한다고 주장할 것이다. 하지만 이렇게 관련 당사자가 용서할 가능성은 매우 낮아서, 이러한 경고는 마치 대부분의 사람들이 자동차를 더 이상 사용하지 않는 것이 도덕적으로 옳다는 것을 깨달았기 때문에 석유시장이 붕괴할 것이라는 예상만큼 비현실적이다. 그러나 만약 이런 일이 생긴다면, 나는 용서를 구하는 (범죄인의) 부모들 편에 설 것이다. 어떤 일이 일어났는지를 밝혀내고, 유죄를 결정하며, 용서를 구하고, 그리고 마침내 용서하는 이 모든 과정에서 끔찍하고 믿기 어려우며 무섭고 소름끼치는 행위들이 강하게 드러날 것이다. 이러한 노출은 그러한 행위들을 일정한 거리만큼 떨어져서 바라보게 할 것이며, 동시에 용서 행위는 우리 사회의 또 다른 중요한 기본적 가치들을 지키게 해 줄 것이다.

그러나 그것이 정의로운가? 극단적인 경우에는 아이들이 끔찍한 방법으로 성적 학대를 당하고 살해된다. 유죄 판결을 받은 사람을 단지 말로만 훈계하고 놔주는 것이 올바른 것인가? 그러나 반대의 입장 역시 잘못된 것일 수 있다. 형벌은 이미 행해진 잘못과 결코 같은 것일 수 없다. 기르첸Giertsen은 다음과 같이 말한다.

> 형벌은 상징적인 표현이다. 그것은 범죄와 일대일의 관계로 같은 것이 될 수 없으며, 피해자의 가치를 나타내는 측정 도구로 쓰일 수 없다. 형벌은, 무엇보다도 우선, 어떤 행위가 중요한 가치, 즉 반드시 회복되어야만 하는 가치를 침해했다는 선언statement이다. •

형벌은 피해와 같은 것이 될 수 없다. 친족들은 "살해범은 겨우 12년형을 받았을 뿐이다. 하지만 우리 아이는 생명을 잃었다"라고 말할 수 있다. 이것은 옳지 않다! 그러나, 지금까지 경험에

• Hedda Giertsen, "Straff er ikke noe rensemiddel", To be printed in *To the celebration of Thomas Mathiesen*, Pax, Oslo, 2003, p. 13.

195
제6장 형벌 없는 사회

비춰 보면, 맞는 말이기도 하다. 하지만 이들은 사회가 받아들일 수 없는 상태에 이르게 하는 방식으로 논리를 전개하고 있다. 우리가 인간성humanity을 보존하기를 원한다면, 단순한 보복의 문제를 제기해서는 안 된다. 잃어버린 아이는 돌아올 수 없다. 비슷한 해악harm은, 그가 했던 행위와 같은 조건에서, 피고인의 목숨을 빼앗는 것이 될 것이다. 하지만 우리의 윤리는 이보다는 더 넓은 관점을 가져야 한다. 형벌이 집행된다 해도, 이것은 우리 가치의 전체성the totality of our values을 나타내는 것이어야 한다.

피해자와 피해자 운동은 종종, 그들의 고통이 형벌에 일대일의 관계로 반영되지 않을 때, 깊은 상처를 받게 된다. 이것은 왕왕 법원에 대한 날카로운 비판으로 표현되고, 이는 다시 언론에 열정적으로 노출되며 이를 통해 정치인들에게 전달된다.

이런 상황을 어떻게 통제해야 하는가?

통상적인 방법, 즉 반대의 주장을 하고, 생각을 교환하며, (문제를) 명확히 하려 노력하는 것 이외에 다른 방법은 없다. 형벌 정책의 선택은 문화적인 문제이지, 본능적 행위와 그에 대한 반작용의 문제가 아니다. 이것은 깊은 도덕적 질문으로 가득 찬 영역이다. 또 이것은 소설가, 희곡 작가, 예술가 등 모든 시민이 참여하는 영역이며, 단지 전문가들만의 문제가 아니라는 점도 당연하다. 또 피해자들만의 문제도 역시 아니다. 이것은 여러

국가가 조절하는 **범죄의 적당한 양**

목소리들이 섞인 합창이 되어야 하며, 수많은 관심사들―어떤 것들은 쉽게 소화되지 않으며, 또 대체로 잘 조화되지 않는―을 포함한 것이어야 한다. 이 분야가 더 문화적인 것이 되면 될수록, 단순화된 해결책이 남아 있을 여지는 더 작아질 것이다.

6.6 (형벌) 최소화론

지금까지 한 설명이 순수한 형태의 형벌 폐지론은 달성하기 어려운 것임을 분명히 했기를 바란다. 형벌 제도를 완전히 없앨 수는 없다. 그러나 앞선 장들에서 나는 우리가 그러한 방향으로 나아갈 수 있음을 보여 주었기를 또한 바란다. 범죄는 자연적인 현상으로서 존재하는 것이 아니다. 범죄는 한탄스러운deplorable 행위들을 바라보는 여러 가능한 방식 중의 하나일 뿐이다. 우리는 그 가운데에서 선택할 수 있다. 한 나라에서 시간에 따라, 또 여러 나라들 사이에서 나타나는 형벌 수준의 차이는 이러한 점을 잘 보여 준다.

이런 상황에서 내 마음에 다가오는 것은 **최소한의 형벌**_minimalism_ 이다.[3] 이것은 폐지론의 입장에 가깝긴 하지만, 어떤 경우에는 형벌이 어쩔 수 없이 필요하다는 점을 인정하는 것이다. 폐지론자들과 형벌 최소화론자들은 모두, 범죄로서 정의된 행위가 아니라 바람직하지 않은undesirable 행위를 출발점으로 삼는다. 이들은 이러한 행위들이 어떻게 다루어질 수 있는지를 묻는다. 피해자에게 보상하거나 진실위원회truth commission를 설립하는 것, 혹은 가해자가 용서를 구하도록 돕는 것이 사건 해결에 도움이 될 수 있을까? 형벌 최소화론은 여러 선택의 가능성을 열어 둔다. 바람직하지 않은 행위에 이르게 된 일련의 전체 과정에서 출발점을 취하게 되면, 형벌은 여러 선택지 가운데 하나, 단지 하나의 방법이 될 뿐이다. 범죄가 아니라 갈등으로부터 시작된 분석은 자유로운liberating 시각을 갖게 해 준다. 즉 우리는 '형벌의 필요성'에 사로잡히지 않고, 자유롭게 선택할 수 있게 된다.

좋은, 그러면서도 좋지 않은 해답이다. 이것은 형벌을 절대적 의무로 보는 엄격성을 없애 주지만, 동시에 우리에게 형벌과 형벌이 아닌 것의 선택에 대한 이유를 제시하도록 한다. 다음 장에서 우리 시대의 몇 가지 비극에 대해 형벌 최소화론의 가능성을 점검해 보도록 하자.

국가가 조절하는 **범죄의 적당한 양**

잔학 행위에 대한 해결

7.1 보이지 않고 들리지 않으며 기억에 남지 않는 것들

기억할 수 있는 모든 것을 기억한다면 우리 중 아무도 살아갈 수 없을 것이다. 말하자면 과부하overload가 걸리게 되는 것이다. 우리는 우리가 지나치는 벽들에 쓰여 있는 모든 글자를 기억하지 않는다. 기억을 한다 해도 단지 그 일부에 대해서만 그럴 뿐이다. 우리는 보는 것, 저장하는 것, 회상하는 것에 있어서 매우 선택적selective이다. 의사의 낙태 행위는 성직자에게는 살인으로 여겨질 수 있다. 어떤 여성들에게는 크게 안도가 되는 순간일 수 있고, 또 다른 사람들에게는 마음[1]속의 벽 뒤에 감추어진 커다란 죄가 될 수도 있다. 우리는 선택적으로 인지하고 선택적으로 기억하며 선택적으로 회상한다. 다시 말해 우리는 구성한다 construct.

제2차 세계 대전 당시 나는 피점령국의 어린아이였다. 일상적인 일을 했고, 독일 군인이나 나치 당원인 노르웨인 사람을 사귀지 말라는 규칙을 잘 따랐다. 그러나 나는 유대인들이 추방될 때 어떤 일이 일어났는지를, 또 그에 대해 보통의 애국 시민들이 언급한 단 한마디의 말도 기억하지 못한다. 노르웨이 경찰들이 유대인들을 체포했다. 그 수가 너무 많아서 그들을 배까지 데려가는 데 택시 100대 정도가 동원되었다. 그 배는 그들 대부분을 죽음으로 몰아넣은 독일 수용소로 운반했다. 아마도 택시 운전사들은 금방 이 일을 잊어버렸을 것이다. 몇 안 되는 사람들이 수용소에서 살아 돌아왔지만, 이 나라는 그들이 거기에 다녀왔다는 사실조차 기억하지 못했다. 그들의 재산 또한 대부분 사라져 버렸다. 1996년에야 비로소 그들은—대부분 그들의 자손들이—어느 정도 보상을 받았다.

침묵은 잔학 행위에 대한 (피해자의) 해결책 가운데 하나이다. 주위에 (자신의 말을) 들어 줄 사람이 아무도 없기 때문이다. 피해자가 고립되는 것은 불법적인 폭력이 자행되는 사회체제의 주된 특징이다. 이러한 기제mechanism는 가정 폭력을 당한 여성의 경우에도 나타난다. 남편은 아내와 아이들이 주변에 가까운 친구나 친척이 없다는 것을 알면서, 그들을 고립시키려 한다. 아이들이 친구를 집으로 데려오는 것은 허락되지 않는다. 말할 수 있는 사람이 아무도 없다. 혹은 말할 것이 아무것도 없다. 그날 남편이 집에 돌아왔을 때 저녁이 준비되어 있지 않았다거나 고기가 알맞게 익지 않았다는 것이 그가 화를 내는 정당한 이유가 될 수 있을까? 이런 상황을 이성적으로 설명하기 위해서, 아내는 자기 자신의 문제점을 찾고 저항 없이 침묵한다. 이를 변화시키기 위해서는 그녀가 고립으로부터 빠져나와 남편의 상황 정의 definition of the situation를 강화시켜 주지 않는 청중에게 접근하는 것이 반드시 필요하다.

수용소에서도 마찬가지이다. 자기 자신을 압제자의 적으로 볼 수 없는 사람들은, (문제의) 원인을 알고 있는 군인 포로들보다도 더 상황이 좋지 않은 것 같다. 이들은 설명을 할 수가 없다. 이 모든 것은 끔찍한 오해라는 것 이외에는, 자기 자신에게도 해 줄 말이 없는 것이다.

많은 수용자들이 침묵을 깨뜨리고 진실을 수용소 밖으로 알리려고 애썼다. 로즈Lodz의 우유통 이야기는 감동적인 사례이다. 로즈는 크라쿠프Kraków와 바르샤바Warsaw의 중간쯤에 있는 크고 산업화된 도시이다. 유대인 강제 거주 지역ghetto에서의 모든 어려움에도 불구하고, 날마다 세 부의 신문이 인쇄되었다. 1944년

마지막 대이동이 있기 며칠 전, 발행된 전체 신문의 한 부가 우 유통에 감추어져 땅에 묻혔고, 전쟁 이후 발견되어 루찬 도브로 지키Lucjan Dobroszycki에 의해 끔찍하지만 아름다운 책, 《로즈 게 토의 연대기, 1941~1944 *The Chronicle of the Lodz Ghetto, 1941~1944*》로 출판되었다. * 마침내 피해자들이 목소리를 되찾은 것이다.

7.2 이루어진 정의

크라쿠프에서 멀지 않은 곳에 아우슈비츠Auschwitz가 있다. 그리 고 그다음으로 많은 사망자가 발생한 수용소가 비르케나우 Birkenau이다. 제2차 세계 대전 후 비르케나우의 철로가 끝나는 곳에 교수대가 설치되었고, 여기에서 사령관Commander이 처형 되었다.

  나는 도저히 이해할 수가 없었다. 150만 명의 희생에 대해서 한 사람의 처형이라니! 수용소에서 독가스에 질식당하고 굶어 죽고 또 단순하게 살해당한 모든 사람에 대해서 단 한 사람만이 사형당했다. 사령관에 대한 사형 집행은, 나에게는, 150만 명의 피해자를 부인하는 것으로 여겨졌다. 그들 각자의 가치는 사령

---

* Lucjan Dobroszycki, *The Chronicle of the Lodz Ghetto 1941-1944*, Yale University Press, New Haven, London, 1984.

국가가 조절하는 **범죄의 적당한 양**

관 한 사람의 그것에 대해 150만분의 1이 된 것이다.

하지만 무엇을 더 할 수 있을까? 오래전에 내가 위와 같은 문제를 말했을 때, 폴란드의 동료들이 이렇게 물었다. 나는 다음과 같은 것 말고는 대답할 말이 없었다. 재판이 이루어졌어야 한다. 그리고 생존자들은 날마다 조금씩 무슨 일이 있었는지를 말했어야 한다. 모든 피해자들이 그들의 절망감, 분노, 복수에 대한 바람을 표현했어야 한다. 사령관도 생존자들과 법관 앞에서 그 당시 그리고 지금 그의 입장과 이유를 말했어야 한다.

그러나 그다음에 판사는, 그가 지배자에 의해 고용된 단순한 집행자가 아니라 자유로운 법관이라면, 결국 무엇을 결정해야만 할까?

—내가 바라는 바이기도 하지만—하나의 가능성은, 판사가 수용소 사령관에게 다음과 같이 말했어야 한다는 것이다. 당신은 분명히 이것을 했다. 당신은 100만이 넘는 사람들의 죽음을 지휘했다. 당신은 유죄이다. 당신의 행위는 도덕적으로 상상할 수 없을 정도로 혐오스러운 것이다. 우리는 이러한 것을 들었다. 문명 세계에 사는 모든 사람들이 이 끔찍한 장소에서 이루어진 당신의 잔혹한 행위에 대해 알게 될 것이다. 더 이상 말할 것도, 행할 것도 없다. 부끄러운 줄 알고 가 버려라.

물론 이런 일이 생기지는 않을 것이다. 1960년대 초반에 나는 바르샤바에서 바타비아Batawia 교수와 오랜 시간 이야기를 나누었다. 그는 임상심리학 교수였고, 큰 수용소 가운데 하나의 사령관과 긴 상담을 한 적이 있다. 어느 수용소인지는 기억이 나지 않는데, 아마도 루돌프 회스Rudolf Höss였던 것 같다. 우리는 서로 기록을 비교했다. 나도 같은 분야에서 일을 했고, 노르웨이 북쪽에 있는 밤과 안개Nacht und Nebel(Night and Fog) 수용소에서 고문 및 살인 행위를 한 경비원을 인터뷰한 적이 있기 때문이다. 우리는 두 가지 공통점을 발견했다. 첫째, 우리 중 누구도 수용소에 있었던 어떤 괴물을 만나지 못했다. 잔학 행위의 배후에 있는 야수beasts를 찾기 원하는 사람들에게는 좋지 않은 소식이겠지만, 전체적으로 보아 거기에 괴물은 없었다. 둘째, 폴란드와 노르웨이 사회는 우리의 연구 결과에 특별한 관심이 없었다. 바타비아 교수의 출판은 단호하게 금지되었고 나의 짧은 논문은 무시되었다. 새로운 세대가 성장하고 나서야 나는 전체 보고서의 출판을 요청받았다.* 잔학 행위와 관련해서 요구된 것은 복수이지, 자세한 분석이 아니었다.

* Nils Christie, *Fangevoktere i konsentrasjonsleir*, Pax, Oslo, 1952/1974.

7.3 이념에 대한 사형 집행

사령관을 사형시킨 사람들이 옳을 수도 있다. 그들은 단지 사령관만을 죽인 것이 아니라 전체 체제를 그렇게 한 것이다. 그의 부러진 목은 부러진 이념을 상징한다. 교수당한hanged 것은 나치 이데올로기였다. 나치 시대에서처럼 사회의 가장 기본적인 가치가 공격받을 때에는 분명하고 신속한 해결책이 필요하다.

당연히 나도 동의한다. 어떻게 그러지 않을 수 있겠는가.

7.4 이해를 가로막는 것

그럼에도 불구하고 나의 사회학적 양심의 한구석에는 여전히 의심이 남아 있다. 우리는 사령관을 죽였다. 그렇다. 또 뉘른베르크Nüremberg 이후에는 주요 전범들도 사형시켰다. 우리는 신속하게 만장일치로 사악한 이념과 그 주된 수행자들을 끝장냈다. 우리는 어떤 행위들—집단 학살, 그리고 그들이 바람직하지 않은 소수 민족이라고 생각하는 사람들에 대한 절멸 행위—이 너무도 큰 범죄이며 따라서 어떤 자비도 있을 수 없다는 점을 분명히 확실하게 했다. 그러나 이것으로 모든 목적이 달성되었는가? 사령관 및 고위직 인사들을 사형시킴으로써 무언가 이루어 냈다

는 좋은 느낌, 즉 보통 정의라고 불리는 복수가 이루어졌다는 생
각들을 했다. 하지만 이와 함께 나치 시대의 이념과 관심, 그리
고 지금도 여전히 남아 있는 이와 관련된 현상들에 대한 논의는
효과적으로 중단되었다.

사령관은 유죄 선고를 받았고 응보적 관점에서 그것은 당연한
것이었다. 그럼에도 불구하고 동시에 그는 희생양의 역할도 했
고, 이것은 뉘른베르크에서 사형당한 그의 상관들의 경우에도
마찬가지이다. 그들의 뒤에는 일종의 길들여지지 않은untamed 힘
이 있었는데, 이것은 그들에 대한 형벌에 의해 보호되었다. 잔
학 행위에 대한 개인적인 처벌은 일반적으로 이러한 힘과 현상
에 대한 더 복잡하고 따라서 더 도움이 되는 이해의 발전을 가로
막을 수 있다. 1989년 지그문트 바우만Zygmunt Bauman의 《근대
성과 홀로코스트Modernity and Holocaust》*가 나오고 나서야 우리는
집단 수용소에 대해 더 깊은 차원의 이해를 할 수 있게 되었다.

사령관을 사형시킴으로써 그리고 뉘른베르크의 법관들이 집
단 학살에 대한 개인적인 죄를 밝혀내는 데 집중하는 동안, 다른
상황들은 아무런 간섭 없이 자라도록 방치되었다. 뉘른베르크에
서 논의되지 않은 세 가지 문제가 있다.

• Zygmunt Bauman, *Modernity and Holocaust*, Polity Press, Cambridge, 1989.

- 드레스덴Dresden
- 히로시마와 나가사키Hiroshima and Nagasaki
- 강제노동수용소The Gulags

드레스덴은 24시간도 채 안 되는 동안 적어도 13만 5천 명의 피해자와 함께 완전히 파괴되었다. 나중에 이에 대한 합리적인 군사적 이유를 찾기는 어려웠다. 하지만 승전국의 법정인 뉘른베르크에서 이 문제는 전혀 다루어지지 않았다.

히로시마와 나가사키는 원자 폭탄으로 인해 공동묘지가 되어 버렸다. 이 같은 민간인들에 대한 대량 학살의 이유는 분명하지 않다. 그러나 아무도—노력은 했다 하더라도—뉘른베르크나 또는 다른 국제 법정에서 이 문제를 제기할 수 없었다. 이에 대해서도 합리적인 군사적 이유를 찾기는 어려웠다. 좀 더 그럴듯한 추측은 소련에 대한 경고의 의도로 폭탄이 투하되었다는 것이고, 이것은 냉전의 화려한 시작이 되었다는 것이다.

그리고 노동수용소가 있다. 저명한 러시아 법관이 포함된 뉘른베르크에서 이 문제 역시 당연히 논의될 수 없었다. 그러나 그들이 사형 판결을 결정하는 동안, 강제노동수용소는 더 늘어났다.

개인들이 잔학 행위와 가장 밀접하게 관련된 개인들을 사형시킴으로써, 우리는 이에 대해 어떤 기준을 다시 세울 수 있다. 우리는 모든 사람에게 교훈을 가르친다. 집단 학살자는 교수대에서 자신의 생을 마칠 것이다. 또 아마도 우리는 다른 사람들이 사악한 세력에 동참하려는 것을 막을 수 있을 것이다.

이런 것들이 가혹한 형벌에 대한 전통적인 주장이다. 그러나 나는 이러한 설명이 일반적인 경우에서보다 여기에서 타당성이 더 부족하다고 생각한다. 이러한 종류의 악행을 저지른 사람들은 자기 자신을 공격자에 의해 둘러싸인 조국의 봉사자로 여긴다. 혹은 단지 국가의 관료일 뿐이라고 생각한다. 마치 아돌프 아이히만Adolph Eichman처럼 말이다. 또는, 비록 적들은 테러라고 부르지만, 불가피하고 또 정당한 전쟁에서 싸우는 군인으로 생각하기도 한다. 내 나라 노르웨이에서는 제2차 세계 대전 후에 반역자의 우두머리인 비트쿤 퀴즐링Vidkun Quisling을 총살하였다. 이것이 나중에 나올 잠재적 반역자에게 영향을 줄 것이라고 생각하는 것은 합리적이지 않다. 상황은 달라질 것이고, 그 원인도 달라질 것이다. 비슷한 조건에서 다음 사람은, 그가 권력자인 동안, 자신을 명백한 승자winner로 생각할 것이다. 반대편의 범죄자들bandits은 법정으로 가게 될 뿐인 것이다.

국가가 조절하는 **범죄의 적당한 양**

7.5 처벌되지 않는 경우

물론 비르케나우의 수용소장이나 나치 사령관들이 사형당하지 않았다면 어떤 일이 발생했을지 나도 잘 안다. 그들에 대한 분노가 치솟아 통제할 수 없을 정도가 되었을 것이다. 실제로 어떤 수용소에서는 감금이 풀리던 바로 그날 경비원이 갈가리 찢겨 살해당하기도 했다.

복수에 대한 충동은 어떤 상황에서는 존중되어야 한다. 하지만 그것은 길들여져서 형벌기구에 맡겨져야 하고, 국가에 의해 처리됨으로써 진정되어야 한다. 처벌이 되지 않는다면 평화를 되찾을 수 없다.

이것이 공식적인 형벌에 대한 주된 근거이다. 좋은 주장이다. 하지만 이것은 상당한 비용이 수반되는 해결책이고, 이 비용은 종종 국가 전체적으로 훨씬 후에 나타난다. 내 나라 노르웨이의 예를 들어 살펴보기로 하자.

7.6 퀴즐링

제2차 세계 대전 동안 '퀴즐링'이란 단어는 '반역자'와 같은 뜻으로 널리 사용되었다. 노르웨이에서는 지금도 그러한데, 이것은 이상한 일이 아니다. 비트쿤 퀴즐링은 노르웨이 군 장교였다. 1933년 그는 국가사회주의National Socialist 정당을 창당했고, 1939년에는 히틀러를 찾아갔다. 1940년 4월 9일 독일은 노르웨이를 침략했고, 바로 그날 퀴즐링은 자기 자신을 총리Prime Minister로 선언했다. 1945년 5월 독일이 항복할 때까지 그는 대표적인 부역자collaborator로 남아 있었고, 그다음 날 체포되어 법정에 섰다. 그는 매우 뛰어난 변호사의 도움을 받았으나 결국 사형이 선고되었다. 대법원에의 상소는 기각되었고 1945년 10월 24일 사형이 집행되었다.

그의 이름은 반역자의 대명사가 되었다. 하지만 점령자에게 협력한 사람이 퀴즐링만 있는 것은 아니다. 당시 350만 명의 인구 가운데 8만여 명이 나치 당원이었다. 그리고 이보다 더 많은 사람들이—게슈타포Gestapo의 노동자, 정보원, 또는 직접 고문을 하는 등으로—점령자에 협력했다. 부역자들은 특별한 용어, 즉 *landssvikere*라고 불렸다. 이 말은 단순한 반역자보다 더 나쁜 어떤 것을 의미한다. 전쟁과 점령 기간 동안에 나라를 속이고 국가 전체, 즉 (국가의) 정체성 및 주권의 핵심 근거를 저버렸다는 뜻이다.

7.7 정화

독일이 항복한 다음 날 노르웨이에서 맨 처음 발행된 신문의 표제는 RO-ORDEN-VERDIGHET, 즉 **평정**tranquillity, **질서**order, **존엄성**dignity이었다. 이것은 개인적인 행동을 하지 말고 반드시 그리고 공정하게 이루어질 처벌을 국가 당국에 맡기자는 뜻이다. 그리고 정말 그렇게 되었다. 매우 소극적이었던 사람들까지 포함하여, 나치당의 모든 구성원들은 사법기관에 소환되었다. 특히 해방 이후 첫해 동안 선고된 형벌은 매우 엄격하였다. 4만 명이 넘는 사람들이 처벌되었고, 1만 7천여 명이 투옥되었다. 25명의 노르웨이인과 12명의 독일인에 대해서는 사형이 집행되었다.

7.8 사적 복수의 금지

퀴즐링은 물론이고 그를 따르던 사람들도 이를 벗어나지 못했다. 독일의 점령이 끝나고 얼마간 시간이 지난 뒤에도 오슬로의 거리에서 퀴즐링을 만난다는 것은 거의 참을 수도, 생각할 수도 없는 일이었다. 퀴즐링과 그의 협력자들에게 행해진 조치에 의해 일종의 평화가 다시 만들어졌다.

이러한 것들이 독일 항복 직후의 상황을 안정시켰다. 사적인 복수는 상대적으로 드물었다. 독일 군인과 관계를 가진 여성에 대해 이루어진 특별히 잔인한 모욕 의식degradation ceremonies이나 그의 아이들에 대한 모진 행위 정도는 있었지만,* 이러한 예외를 빼면 이 나라는 평화를 다시 되찾았다.

그러나 이 평화에는 대가가 있었다.

7.9 2002년 10월, 나르비크

2002년 10월 나르비크Narvik에서 꽤 특별한 모임이 있었다. 이 도시는 노르웨이의 북쪽 끝에 있는데, 1940년에 벌어진 독일과 영국, 프랑스, 폴란드, 노르웨이 연합군 사이의 격렬한 전투로 인해 유명해졌다. 많은 수의 군인이 사망했고, 이들은 나르비크 도심에 있는 공동묘지에 묻혔다. 1942~1943년에는 시 근교에서 또 다른 재앙이 발생했다. 비극을 가득 실은 배가 도착했는데, 여기에는 유고슬라비아의 죄수들이 타고 있었다. 이들은 히틀러의 밤과 안개Nacht und Nebel 정책에 따라 먼 북쪽으로 이송되어 온 것이다. 수용소가 세워졌고, 첫 번째 겨울이 지난 후에는

* Kåre Olsen, *Krigens barn: de norske krigsbarna og deres mødre*, Aschehoug, Oslo, 1998.

국가가 조절하는 **범죄의 적당한 양**

이 가운데 30%의 죄수들만이 살아남아 있었다.

그리고 2002년, 사건이 발생하고 60년이 지난 후에 모임이 열렸다. 평화와 화해를 위한 모임이었다. 관련된 모든 나라의 대표자들이 참여했다. 참전 군인들과 여러 나라의 젊은 병사들, 대사들ambassadors, 노르웨이 의회 의장, 나르비크 시장 그리고 몇 명의 학자들이 함께했다. 우리는 묘지에서 만났다. 왼편에는 독일인들의 무덤이, 정면과 오른편에는 연합군 측의 묘소가 있다. 우리는 교회에서, 참여한 모든 나라 사람들의 언어로 기도를 드렸다. 그리고 화해에 대한 이론과 실천을 주제로 한 세미나를 열었다.

우리 모두는 그곳에 있었다.

우리 모두?

독일의 참전 군인들도 초대되었고 그들은 이를 수락했다. 그러나 이들은 이제 나이가 들었고 아픈 사람도 있었다. 결국 이들은 오지 않았다. 얼마나 다행인가. 노르웨이 참전 군인들은 이들을 만나는 것을 마지못해 동의했었다. 지금 그들의 자리는 비어 있고 독일 대사만이 참여했다.

아예 초대되지 않은 사람들도 있었다. 비트쿤 퀴즐링의 추종자들은 거기에 없었다. 단 한 사람의 부역자도 볼 수 없었다. 독일에 있었던 수용소의 생존자이자 노르웨이 참전 군인의 대표자는 "그들이 초대되었다면 나는 여기에 올 수 없었을 것이다"라고 말했다. 그는 친절하고 점잖은decent 사람이다. 그는 "글쎄요. 그들이 과거의 잘못을 분명히 인정했다면, 달랐을지도 모르지요"라고 덧붙였다. 이어진 열렬한 토론 도중에, 의장은 나를 가리키며 큰 소리로 물었다. "당신이라면 예전에 당신을 고문했던 사람을, 화해하기 위해, 여기에서 만나겠습니까?"

나는 그럴 것이다.

7.10 기념비

우리는 나르비크 근교에 있는 옛 수용소 현장도 찾아갔다. 그곳에는 기념비가 세워져 있는데, 여기에는 "1942~1943년 사이에 독일 … 수용소에서 사망한 나치즘의 희생자인 500명 이상의 유고슬라비아인들을 추모하기 위해 노르웨이와 유고슬라비아 사람들이 만든 기념물"이라고 새겨져 있다.

사망했다고? 그들은 살해당했다.

독일 수용소에서? 수용소가 독일 SS*에 의해 세워지고 관리된 것은 맞다. 하지만 경비원은 노르웨이 사람이었고, 이런 사

---

* SS(Schutzstaffel)는 나치 독일과 제2차 세계 대전 당시 이들에 의해 점령된 유럽 나라들에 있었던 준(準)군사조직(paramilitary organization)이다.

국가가 조절하는 **범죄의 적당한 양**

람들은 수백 명에 달한다. 전쟁 이후 이들 가운데 47명이 형사 법원에서 매우 중한 징역형을 선고받았다. 나는 이들을 잘 안다. 앞에서도 말했듯이, 나는 점령이 끝나고 어느 정도 시간이 지난 다음 이들 중 대부분과 이야기를 나누었다. 또 같은 수용소에서 그렇게 못되게 굴지 않은 사람들과도 얘기해 보았다. 법정에서 다루어진 사건들은 노르웨이 언론에 자세히 보도된 바 있다.

7.11 지연된 처벌의 비용

지난 10월 노르비크에서의 모임은 증거는 아니라고 해도 하나의 예는 된다. 부역자들과 전쟁 범죄자들은 점령이 끝난 이후 모두 중하게 처벌되었다. 그러나 이런 대규모의 처벌이 사람들 사이에 퍼져 있는 증오까지 없애지는 못했다. 노르웨이에서 부역자들은 여전히 경멸의 대상이고, 그들의 아이들은 버림받은 outcasts 사람처럼 느끼기도 한다. 심지어 손자들까지도 자신의 가족사에 대해 말을 꺼내지 않는다. 이로 인해 상당수의 사람은 오늘날까지도 존경받는 사회 내로 들어오지 못하고 있다. 또 대부분의 노르웨이 사람들은 여전히 수용소에서의 살인은 독일을 위해 봉사한 행위였다고 생각하고 있다.

7.12 국제형사법원과 재판소

뉘른베르크 법원은 명백히 승자에 의해 세워진 것이다. 이 법원은 독일과 싸워 이긴 주요 4개국에서 온 재판관으로 네 명으로 이루어져 있다는 점에서만 국제적이었다. 그리고 이 법원은 완전히 패배한 적에 대해서 판결하는 곳이었다. 당연히 드레스덴, 히로시마와 나가사키, 강제노동수용소Gulags는 논의의 대상이 아니었다.

이런 상황은 국제적인 기준을 세우려는 좀 더 최근의 시도에서 다소 변하였다. 몇몇 법원들은 더 국제적인 것이 되었다. 헤이그Hague에 있는 전 유고슬라비아 국제형사재판소The International Criminal Tribunal와 탄자니아Tanzania 아루샤Arusha에 있는 르완다 국제형사재판소가 그 예이다. 이제 막 만들어진 국제형사법원 The International Penal Court도 이러한 유형을 의도하고 있다.

그러나 이들의 국제적 성격이 매우 제한된 것이라는 점은 분명하다. 특히 국제형사법원의 경우 이 한계는 가장 뚜렷하다. 최강대국이 그 권위를 인정하지 않고 있기 때문이다. 미국은 (이 조약을) 비준하지 않았을 뿐만 아니라, 다른 나라들에 미국 시민을 상대로 국제형사법원에 제소하지 않겠다는 서면 보증을 하도록 강하게 압박했다. 러시아 연합과 이스라엘도 이 조약을 비준

국가가 조절하는 **범죄의 적당한 양**

하지 않은 또 다른 강대국이다. 힘을 가진 나라들은 이런 방식으로 행동하려는 경향이 있다.

국제법원에는 다른 문제도 있다. 국제 정치가 그것이다. 2001년 내가 이 주제에 대한 내용을 처음 쓰고 있을 때, 유고슬라비아 당국은 밀로셰비치Milošević를 헤이그 재판소로 보내라는 압력을 거세게 받고 있었다. 만약 정부가 그를 헤이그로 보낸다면, 서구로부터 나라를 재건할 자금을 지원받을 것이었다. 반대로 국내 법원에만 제소한다면, 아무것도 얻지 못할 것이다. 결국 유고슬라비아 정부는 그를 헤이그로 보냈다.[2]

르완다 국제재판소는 또 다른 문제를 보여 준다. 재판소는 탄자니아의 아루샤에 있다. 이를 운영하는 데에는 매년 수백만 달러가 든다. 이것은 엘리트 혐의자들을 위해 만들어진 것이다. 약 100명의 사람들이 근처에 있는 산뜻한decent 교도소에서 재판을 기다리고 있다. 그 바탕에 있는 생각은 주요 피의자들이 먼저 판결을 받아야 한다는 것이었다. 하지만 이것은 더 가벼운 혐의를 받고 있는 사람들은 기다려야 한다는 뜻이 된다. 그들은 국경 너머 르완다에 있는 교도소에 수용되어 있다. 여기에는 약 12만 명의 수용자들이 아루샤에 있는 국제재판소에서 판결이 확정될 전체 숫자보다 훨씬 더 많은 사람들을 서로 죽여 버리려 할 것 같은 상태에 놓여져 있다. 1999년 르완다 교도소에서 3천 명이 사망했다.[3] 다행히도 2002년 르완다는 가카카Gacaca 재판소체제를 시행하였다. 이것은 (법률가가 아닌) 일반인들lay people에 의해 중재와 회복의 목적으로 운영된다.

———————

앞에서 말한 문제들에 대해 나는 분명한 답을 가지고 있지는 않다. 하지만 잔학 행위에 관해 국제 형사법을 대답으로 제시하는 것에 대해서는 회의scepticism에 가까운 깊은 의심ambivalence이 든다는 점은 부인할 수 없다. 형법은 언제나 정보의 흐름을 제한하고, 따라서 과거에 일어난 일을 명백히 밝히는 가장 좋은 수단이 아니다. 국제 형사법은 어쩔 수 없이 이긴 자의 법이고, 따라서 사회 평화를 만드는 시도로서의 효용성에는 의심의 여지가 있다. 이것은 과거에 발생한 사건의 일정 부분을 서술하는 수단이다. 그러나 우리에게는 앞날을 내다보는 체제가 필요하다. 과거의 일을 분명히 밝히면서도 미래를 지향하는 수단이 필요한 것이다. 진실과 화해를 위한 체제가 하나의 대답이 될 수 있다.

7.13 진실위원회

진실위원회는, 진실의 힘에 대한 신뢰와 결합하여, 침묵을 깨뜨리려는 제도적 노력이다. 투투 대주교Archbishop Tutu는 남아프리카에서 진실을 드러내는 모임을 만드는 데 중추적 역할을 하였다. 신체적·정신적 고통을 통해 도저히 믿을 수 없는 타락degradation을 겪은 사람들에게 자신들의 이야기를 말할 기회가 주어졌다. 그들은 자신들을 학대한 사람들을 정면으로 바라보면서 말했다. 중요한 것은 위원회에 대한 또 다른 많은 비판과 관계없이 그들은 복수, 특히 누군가에게 공식적인 유죄 선고를 내리는 문제가 아니라 자신들이 보고 또 직접 경험한 것들에 집중할 수 있었다는 점이다. 만약 형사 법정이었다면 위원회는 법적으로 관련성이 있다고legally relevant 인정된 것으로 정보를 제한해야 했을 것이다. 그리고 자신의 이야기를 하는 사람들은 반대 당사자로부터의 의심과 교차신문cross-examination을 받아야 했을 것이다.

이러한 점은 잔학 행위를 한 사람들의 입장에서도 중요한 것이었다. 그들은 대부분 형사 법정에 소환되는 것을 대신하여 진실위원회에 출석했다. 이야기를 할 때, 그들은 매우 긴장한 상태에 있었다. 자존감self-respect이나 명예 등 그들에게는 방어해야 할 것이 많았다. 그러나 그들은 침묵을 깨뜨리고 참여하여 그들이 아는 것을 드러내는 데에 동의했다. 그리고 그들은 법적인 제약에 의해 방해받지 않는 형식으로 말할 수 있었다.

그들이 진실을 말했을까?

형법의 기준에 따라 구체적인 행위에 대해 유죄 판결을 하는 것이 문제였다면, 그들이 진실을 말했으리라고 확신할 수 없다. 어쩌면 더 정확한 정보들이 드러났을 수도 있다. 형사 법정은 이런 활동을 하도록 아주 잘 고안된 곳이기 때문이다. 그러나 문제가, 발생한 사건의 전체 모습totality 특히 당사자들이 본 그대로를 드러내려 하는 것이라면, 진실위원회가 훨씬 더 유리하다. 위원회는 폭로, 호소complaint, 감정적 표출, 또 부인denial까지도 할 수 있는 장arena을 열어 준다. 고통의 부과를 결정하는 것이 아니라 발생한 사실을 드러내는 것이 더 중요한 문제라면, 진실위원회가 훨씬 더 나은 것이다.[4]

고통을 부과하는 과정에서 **실수를 막기** 위해서는 형사법의 제도들이—때로는 그렇지 않겠지만 적절하게 기능한다면—아마도 생각할 수 있는 가장 좋은 방법일 것이다. 그러나 발생한 사건에 대한 더 철저한 공개를 위해서는, 상처를 치료하는 잠재력을 가지고 있는—때로는 그렇지 않겠지만 적절히 기능한다면—진실위원회가 아마도 형사법원보다 더 나은 수단이다. 다만 한 가지 유보를 하자면, 이것은 이상적이고 전형적인ideal-typical 모습

국가가 조절하는 **범죄의 적당한 양**

이다. 여러 진실위원회들은 정치적 또는and/or 경제적으로 매우 어려운 조건에서 일해 왔고, 이로 인해 갈등을 겪기도 했다. 그러나 형사법원도 같은 상황이라면 마찬가지였을 것이다.

7.14 화해

진실은 하나의 중요한 단계이다. 하지만 평화를 되찾기 위해서는 더 많은 단계들이 진행되어야 한다. 가장 중요하게는 화해가 이루어질 필요가 있다.

　이 과정은 두 부분으로 나누어진다. 첫째 피해자에 대한 배상compensation의 문제이다. 진실이 밝혀지는 것은 좋은 일이다. 주로 부자이고 권력이 있는 범죄인이 매우 가난한 피해자를 만날 때 과거에 있었던 일이 분명해진다. 하지만 진실과 사과만으로는 충분하지 않다. 기본적인 불평등의 문제는 과거에 대한 공통의 이해가 이루어진 뒤에도 그대로 남아 있다. 이러한 문제 또한 다루어져야 하지만, 이 절차에서는 종종 무시된다. 부유한 범죄인은 진실을 말한 후에 그의 안락한 빌라로 돌아가는 반면, 예전의 수용자는 비참한 현실로 되돌아간다.

　두 번째 문제는 평화로 이끄는 중재mediation와 관련된 것이다. 수년 동안의 학대, 살인, 강간, 또 집단학살에 대한 심각한 시도

후에도 과연 평화가 이루어질 수 있는지에 대해서 의문이 제기될 수 있다. 물론 완전한 평화는 가능하지 않다. 남편은 살해당하고, 강간당한 여성은 상처와 함께 남는다. 또는 적에 의해 의도적으로 갖게 된 아이와 함께 남을 수도 있다. 혹은 내 나라의 여행자들, 즉 집시gypsy 모임들처럼 불임이 되어 버렸거나sterilized, 아이들이 당국에 의해 어디론가 끌려가 버렸을 수도 있다. 이런 악행은 결코 지워질 수 없다.

특히 최근(2004년) 유럽에서 코소보Kosovo의 상황은 대단히 복잡하다. 세르비아 사람들Serbian의 행위, 서구의 간여, 또 코소보 알바니아 사람들Kosovo-Albanian의 행위 모두 매우 심각하다. 폭탄이 투하되기 전에 코소보에는 1,300명의 국제평화유지단international peace observers이 있었다. 그들은 철수했고, 이에 따라 폭탄이 투하될 수 있었다. 많은 사람들은 1,300명의 평화유지단이 코소보에서 평화를 지킬 수 있었고, 따라서 폭발과 80만 시민의 탈출을 막을 수 있었다고 생각하는 것 같다. 최근 이 지역에는 4만 5천 명의 외국 군대가 주둔해 있다.

코소보의 갈등을 해결하는 데에는 두 가지 방법이 있다. 통상적인 처벌을 통한 방식은 살인자들을 처형하고 구금 또는 다른 방식으로 해를 가하는 것이다. 다른 방식은 갈등하는 당사자들을 만나게 해서 자신들의 이야기를 하고 슬픔을 드러낼 수 있는

국가가 조절하는 **범죄의 적당한 양**

장을 마련하여, 천천히, 아마도 많은, 아주 많은 노력 끝에 발생한 사실 및 상황을 개선하기 위해 할 수 있는 조치에 대한 일종의 공통된 이해에 도달하도록 돕는 것이다.

너무 순진한 생각utmost naivety인가?

꼭 그렇지만은 않다. 오늘날 현대적인 형벌정책, 특히 캐나다와 미국의 그것에는 뉴질랜드New Zealand와 호주Australia의 고유한 전통, 그리고 전통적인 인도native Indian의 문화가 매우 강한 영향을 미쳤다. 현대의 교도소에 젊은 원주민들native youngsters이 과잉 대표overrepresented되어 있다는 점은 명백하다. 따라서 갈등에 대처하는 예전의 방식으로 돌아갈 필요가 드러났다. 이 예전 방식은 중재에 기반한 것이다. 중앙정부로부터 멀리 떨어진 상대적으로 평등한 사회에서는, 거의 분명히 형벌이 내전civil war을 초래할 수 있다. 이것은 하나의 중앙권력이 없는 국제 사회에서 형벌이 예전의 갈등을 다시 부추겨 전쟁이 발생할 수 있는 것과 마찬가지이다. 이런 사회에서는 상황을 회복하고 이를 통해 사회체제를 유지하는 것이 결정적인 문제가 된다. **Restore**는 **노르웨이의 구어**舊語이다. 문자 그대로 이것은 무너진 나무 조각들stocks, 노르웨이어로는 *staur*를 다시 세운다는 뜻인데, 위의 맥락에서는 집을 다시 짓는다는 의미로 볼 수도 있다. 이러한 활동들은 형사법의 이념을 부인하는 것이다. 비난과 부끄러움이 필요하다면, 이것은 재통합적 창피 주기reintegrative shaming의 형태가 되어야 한다. 범죄자가 명백히 밝혀지면, 그 또는 그녀에게 어떻게 고통을 겪게 할 것인가가 아니라 그 사람이 물질적 또는 상징적으로 어떻게 피해를 수습할 수 있는지에 초점이 맞추어져야 한다. 이런 유형의 회복적 만남은 진실위원회에서 여러 방식으로 잘 발전되어 있다.

(이것이) 발칸Balkan 지역에서는 불가능할까?

몇 년 전 나는 알바니아의 수도인 티라나Tirana에서 이 말을 들었다. 수백여 명이 참여한 큰 모임이었고, 주제는 어떻게 피의 복수를 끝낼 것인가 하는 것이었다. 여러 사람들이 '불가능'하다고 말했다. "우리는 자존심이 있다. 따라서 피의 복수라는 규칙은 지켜져야 한다." 그때 덩치가 크고 머리가 하얗게 센 사람이 일어섰다. 그가 점령자 이탈리아에 저항했던 유격대의 장군이었고 그 후에는 군대에서 복무했다는 것을, 나는 나중에서야 알았다. 하지만 그것은 오래전의 일이었고 이제 그는 이렇게 말했다. "나는 혹사Hoxa—알바니아의 전 통치자—치하에서 오랫동안 구금되어 있었다. 이제 투옥 생활은 끝났고, 나는 증오심을 가지고 있지 않다. 알바니아 사람들은 그런 사람들이 아니다. 특별한 부류의 사람들이 아닌 것이다." 그 즉시 토론은 끝이 났다. 중재 계획은 지금까지 알바니아에서 잘 이루어지고 있다.

그러나 적어도 괴물들monsters이 잔학 행위 뒤에 있을 때에는, 화해란 불가능하다!

앞에서도 말했듯이 나는 평생 대부분의 시간을 범죄와 형벌의 문제를 연구하면서 보냈지만, 괴물을 만나 본 적은 없다. 집단 수용소의 살인자들 가운데에서도 그런 사람을 찾을 수 없었고, 그 이후에도 마찬가지였다. 내가 싫어하는 사람은 있다. 그러나 적어도 어떤 중요한 순간에 전혀 다가갈 수 없는 사람은 없다. 내가 보기에 우리 모두는 인간으로서 공통의 경험을 가지고 있다. 우리 모두는 삶의 초기 단계에서 (누군가에 의해) 돌보아졌고, 그 후에도 대부분의 사람들은 긍정적이든 부정적이든 공통된 경험들을 갖게 된다. 이를 통해 최소한의 공통 분모, 즉 다른 사람들에 대해 자그마한 유사성이라도 인식할 수 있는 교류의 공간이 만들어지는 것이다.

나아가 그러한 공간이 확장될 수 있다는 것도 증명할 수 있다. 우리는 집시를 경멸하고 심지어 제도적으로 그들에게 해를 미치려 하는 사람을 만날 수 있다. 그렇지만 우리는 (그런 사람과도) 친족을 돌보아야 한다는 데에는 동의한다는 공통점을 찾을 수 있다. 이제 천천히 집시도 그들과 가까운 사람들에게는 매우 특별한 보호가 필요한 사람들이고, 따라서 해를 끼쳐서는 안 되는 사람의 범위에 포함되어야 한다는 점이 입증될 수 있다.

그러나 진정한genuine 의사소통이나 우리가 서로를 같은 인간으로 볼 수 있는 상황에서도 폭력을 쓸 수밖에 없는 경우가 생길 수 있다.[5] 내 영혼에는, 그 위험을 내가 알고 있더라도, 내가 통제할 수 없는 어두운 부분이 있을 수 있다. 수용될 수 없는 행위를 막기 위하여, 내가 폭력으로 억제되는 것이 올바른 경우도 있을 것이다. 투옥이 마지막 수단이 되는 상황이 발생할 수도 있다. 정치적 갈등에서도 마찬가지이다. 나는 내가 받아들일 수 없는 목적을 위해 고집스럽게 싸우고 있는 사람과 많은 점에서 비슷할 수 있다. 또 대항 폭력counterforce 외에는 다른 방법을 찾을 수 없는 상태에 처할 수도 있다.

그렇다면 우리가 모든 사람과 공통된 기초를 가지고 있고 어디에서나 같은 인간으로서의 특질을 발견할 수 있으며, 또 이것이 중요하다고 주장하는 것은 무슨 의미가 있을까?

그 이유는 이것이 통제자controller의 통제를 위해 반드시 필요하기 때문이다. 다른 사람을 괴물, 즉 전혀 정상적인 인간성humanity을 갖지 않은 사람으로 인식하는 것은, 같은 동료 인간으로서 다른 사람들과 관계를 맺는 기본적인 규칙을 무시할 수 있게 한다. 괴물이 존재한다는 생각은 모든 사람에게 위험하지만, 특히 다른 사람의 행위를 통제하는 공식적 임무를 맡은 사람들에게 그러하다.

국가가 조절하는 **범죄의 적당한 양**

그러나 도저히 수용할 수 없고, 믿을 수 없는 행위는 무엇일까? 집단학살의 경우일까?

노르웨이를 포함해서 많은 국가들은 집단학살을 통해 세워졌다. 노르웨이 사람들은 모든 능력을 동원하여 이 지역의 원주민인 사미Sami족, 특히 그들의 문화를 말살시키려 했다. 나는 학교에서 그들 고유의 언어를 말했다는 이유로 신체 형벌을 받은 사미인들을 만난 적이 있다. 그러나 1990년대에 남아 있던 사미인들은 자기들만의 의회를 구성하였다. 이것은 그들이 연어를 잡던 큰 강을 완전히 파괴해 버린 데 대한 보상이었다. 또 최근에 오슬로 대학은 그동안 소장하고 있던 두개골skull 모두를 이들에게 되돌려주었다. 이것은 신체 인류학자들이 연구 목적으로 모았던 것인데, 내 연구실에서 멀지 않은 곳에 수년간 전시되어 있었다. 그때 당시에는 나는 이에 대해 깊게 생각해 보지 않았다. 이(두개골)들 중 몇몇은 마법을 쓴다는 이유로, 또 몇몇은 노르웨이 당국에 저항했다는 이유로 처형당했다. 나는 이러한 죄들이 이미 오래전 일이고, 또 아프리카나 아메리카에서 백인들이 한 행위에 비해서는 작은 것임을 인정한다. 그러나 노르웨이의 괴물로 볼 수 있을 법한 것을 만난 사미인들에게는 작은 죄가 아니다.

내가 말하려는 것은 잔학 행위는 인류 역사의 일반적 특징이며 우리 운명의 한 부분이라는 것이다. 많은 나라들이 피해자 또는 가해자 혹은 양자 모두로서 관련되어 있다. 잔학 행위를 비정상의 정상성normality of abnormality에 포함시키는 것이 중요하다. 우리는, 우리가 사회적 갈등을 다루는 방법에 대한 공통된 지식을 활용하는 그곳에서, 잔학 행위를 예방하고 이에 대응하는 방법 모두를 찾아야만 한다.

그러나 만약 행위가 완전히, 전혀 정상적인 것이 아니라면 어떻게 해야 하는가? 서구의 시각에서 본 오사마 빈 라덴Osama bin Laden의 행위나 팔레스타인 사람에게 비친 아리엘 샤론Ariel Sharon의 행위*는 어떤가? 이들도 평화 만들기의 틀 안에서 바라볼 수 있을까? 나는 지옥에 있는 악마Devil, in Hell 혹은 그와 형제인 것 같은 사람들과도 기꺼이 협상할 수 있을까?

역시, 그렇다.

9월 11일에 일어난 사건**은 민간인 피해자들을 향한 것으로

- 1982년 당시 이스라엘 국방 장관이었던 샤론은 '갈릴리 평화 작전(Operation Peace for Galilee)'이라고 불린 레바논 침공을 감행한다. 9월 16~18일 동안 사브라(Sabra)와 샤틸라 난민 수용소(Shatila refugee camp)에서 적어도 1,200명 이상의 민간인들이 학살당했고(이것은 공식적인 사망증명서가 발급된 숫자이며, 팔레스타인 적신월사(Palestinian Red Crescent)는 2천여 명이 사망했다고 주장한다), 이것은 다시 레바논 내전으로 이어져 9만 5천여 명이 사망하게 된다.
- 2001년 9월 11일 미국 뉴욕에서 알카에다(al-Qaeda)에 의해 발생한 테러 사건을 말한다. 19명의 테러리스트들이 4대의 민간 비행기를 납치하여 이 가운데 2대를 뉴욕의 세계무역센터(World Trade Center)에 충돌시켰고, 이로 인해 모두

서 매우 좋지 않은 일이었다. 이해하기 어렵지만, 그러나 (이해가) 불가능한 것은 아니다. 잔학 행위였지만, 괴물이 한 짓은 아니다. 정상적인 것과는 거리가 있지만, 대화가 전혀 이루어질 수 없을 정도는 아니다. 간단히 말해서 일반적인 사회과학, 특히 범죄학과 평화에 대한 연구peace research로부터 나온 도구들tools이 적용될 수 있는 사건이다.

우리는 언제나 협상을 시작하기 위해 노력해야만 한다. 사전에, 그리고 가능하면 폭력 대신에, 또 사후에도 계속해서 대화를 위한 조건을 만들려는 시도가 이루어져야만 한다. 우리는 우리가 무언가 끔찍하게 잘못된 것을 했다고 생각하는 사람들을 만나야만 한다. 우리는 왜 그들이 그런 일을 했는지를 이해하려고 노력해야 하고, 또 그 행위를 인식하는 다른 방법들alternative ways을 보여 주고 (그들과의) 어떤 공통점을 찾기 위하여 애써야만 한다. 그렇지 않고서, 반대 당사자로 하여금 그들의 상황에 대한 이해를 제각각 따로 하도록 내버려 둔다면, 어떻게 폭력을 멈추게 할 수 있을까? 폭력 예방의 관점에서 보면, 미국은 아마도 폭탄보다는 대화에 의해 더 잘 보호될 수 있을 것이다.

그런 대화로부터 아무런 결과도 나오지 않을 수 있다. 하지만

2,977명이 사망하였다. 이것은 역사상 한 테러 사건으로 발생한 가장 많은 사망자 수이다.

이것은 윤리적으로 가치가 있을 뿐만 아니라 나아가 아마도 당사자들이, 무기를 사용하기 전에, 문제를 어떻게 인식하고 있는지를 알기 위한 시도를 하는 데에 유용하게 쓰일 수 있다. 아마도, 아마도 서로는 조금씩 조금씩 다른 쪽도 일리 있는 생각을 하고 있다는 것을 알게 될 수 있을런지도 모른다.

7.15 해답이 없는 것의 중요성

잔학 행위에 대한 해답을 찾으려 했던 내 시도의 주된 결론은, 개별 사건에 대해서는 쉬운 답이 없고 일반적으로도 좋은 해결책이 없다는 것이다. 이것은 부정적으로 들리지만, 이를 의도한 것이기도 하다. 해답이 있는 척하는 것은 반反생산적counterproductive일 수 있다. 올바른 해결책을 가지고 있다는 주장 뒤에는 많은 이해관계가 담겨 있다. 잔학 행위에 대한 해답으로 아주 많은 주장들이 제시되는데, 사실 이들은 더 많은 잔학 행위가 벌어질 기회를 증가시킨다. 형사 처벌은 어떤 나라 또는 그 나라 내부의 힘forces을 강화시킬 수 있지만, 반대로 다른 나라를 약화시킨다. 이것은 또한 새로운 잔학 행위의 씨앗을 옮길 수 있다. 일반적인 법원의 이상ideal으로부터 한참 벗어난 국제법원은, 대규모 학살의 배경에 있는 세력에 대해 더 깊은 이해를 하지 못하게 한다.

잔학 행위에 대해 좋은 해답이 없다는 결론은 영웅적heroic인 것이 아니다. 즉 그것은 강한 행위를 시작하려 하거나, 악한 세력에 대해 즉각 새로운 방어를 하려 하지 않는다. 그러나 좋은 답이 존재하지 않는다는 것을 인정함에 의해, 아마도 우리는 평화를 세우기 위한 기초를 만들 수 있다. 좋은 해답을 구하는 것이 헛된 일이라면, 우리는 갈등을 다루는 일반적인 시민적 방법civil ways으로 되돌아와야만 한다. 대화, 중재, 회복 그리고 상황 악화를 막을 수 있는 민사와 형사법원이 그러한 것들이다.

우리는 잔학 행위의 그림자 속에서 슬픔과 불행을 안고 살아야만 한다. 하지만 동시에 또한 우리는, 아직 피의자가 이를 요청할 정도로 나아가기 전이라도, 갈등을 해결하는 예전의old-fashioned 방식을 끝까지 시도해 보아야만 한다. 기억을 하지 말자는 것이 아니다. 그러나 모든 정보가 드러나고, 이것이 우리 모두의 마음과 인류의 역사에 새겨진 후에는, 결국 용서와 회복보다 더 나은 최종 해결책을 찾을 수 없을 것이다.

제7장 잔학 행위에 대한 해결

범죄의 적당한 양

범죄를 무한한 자연적 현상으로 보는 입장에서, 우리는 지금까지 거의 밝혀진 적이 없는 다음과 같은 몇 가지 질문을 제기할 수 있다. (범죄가) 충분하다고 볼 수 있는 때는 언제인가, 바꿔 말하면 범죄가 너무 적을 때는 언제인가? 범죄로 볼 수 있는 행위의 적절한 유형은 무엇이며, 그 양은 어느 정도인가? 나아가 형벌기구를 통한 통제의 적당한 양은 어디까지인가, 즉 공식적으로 낙인이 부여되는 범죄인의 적당한 수는 얼마인가? 불가피하게 형벌체계가 필요하다면, 이를 얼마나 크게 또는 반대로 얼마나 작게 할 것인가? 현대 사회에서 꼭 필요한 형벌의 양에 대해 더 높은 혹은 더 낮은 한계를 설정하는 것이 가능할까? 마지막으로 이 분야에서 일하는 우리 같은 사람들이 이러한 문제들에 영향을 미칠 수 있을까?

8.1 상징으로서의 형벌체계

형벌체계는 깊은 의미를 가지고 있다. 이것은 그 나라의 주요한 특징에 대한 정보를 전달한다. 나치 독일이나 소련, 마오쩌둥의 중국에 대해, 경찰의 관행에서부터 법원을 거쳐 교도소, 강제노동수용소에 이르기까지, 그들의 형벌기구만큼 많은 것을 말해주는 것은 없다. 구체적인 사건에서 우리는 형벌체계에 의해 그 나라를 평가할 수 있다. 우리의 기준과 가치, 좋아하거나 싫어하는 것에 따라 우리는 특정한 나라에 무언가 잘못된 것이 있다고 말할 수 있게 된다. 혹은 우리가 알게 된 것을 좋아하고, 이에 따라 그 나라를 평가할 수 있게 된다.

  그러한 평가는 다음의 네 가지 주요 특징과 관련된다.

1. 국내에서 처벌되는 범죄의 유형. 어떤 정권은 다른 나라의 시민들이 처벌되지 않아야 한다고 느끼는 행위를 처벌하기도 한다(예를 들면 정치적 또는 종교적 반대파에 대한 처벌).
2. 고통 부과의 문제가 고려될 때 이용되는 결정의 형식. 어떤 나라는 고문 또는 이와 비슷한 수단을 통해 얻은 자백과 같이

수용할 수 없는 방법을 쓰기도 한다. 또 배심원이 없거나, (피고인에게) 독립적인 방어권을 주지 않거나, 밀실에서 결정하거나 또는 정치적으로 편향되어 있거나 성직자, 프리메이슨 freemasons* 혹은 군 장교처럼 특별한 범주에 속해 자유롭지 못한 판사에 의해 (형벌체계가) 작동한다.

3. 의도된 고통을 받는 **사람의 특성**, 특히 그들이, 나이, 성, 인종, 계급 등과 관련해서 전체 국민을 얼마나 잘 대표하고 있는가의 문제. 극단적으로 치우친 교도소 인구 구성은 형벌체계 내의 어딘가에 심각한 문제가 있다는 것을 나타낸다.

4. **형벌의 양과 형식.** 매우 높은 형량이나 특히 고통스러운 형식의 형벌은 체계 내에서 의도된 고통을 부과함에 있어 어떤 큰 문제certain deplorable peculiarities가 있다는 것을 보여 준다.

다음에서 논의하려고 하는 핵심은 마지막 네 번째 것, 특히 형량의 문제이다.[1]

여기에서 내 질문은 이 책의 제목인 **범죄의 적당한 양**과 비슷하다. 우리는 무엇을 범죄로 볼 것인가 하는 문제를 사회기구가 결정한다는 점을 논의해 왔다. 그다음에는 아래 질문이 이어진

* 공제(共濟), 우애를 목적으로 하는 비밀결사단(Free and Accepted Masons)을 말한다.

국가가 조절하는 **범죄의 적당한 양**

다. 즉 한 사회에서 형벌의 적당한 양이라고 여겨지는 것에 대한 어떤 기준을 세울 수 있을까? 또 이와 관련해서 형벌의 양에 비추어 한 나라가 다른 나라보다 더 낫다고 말할 수 있을까? 특히 그것이 작은 나라가 큰 나라보다 더 낫다고 할 수 있는 것인가?

직관적으로 우리는 이 대답이 쉽다고 느낀다. 혹은 너무 분명해서 생각 자체가 필요 없어 보이는 사례들을 찾을 수도 있다. 강제노동을 통해 죽음에 이르게 하거나 또는 직접적인 학살을 위해 만들어진 히틀러의 수용소는 논의 대상의 범위를 벗어나 있다. 제2차 세계 대전 이후 오랫동안 소련의 상황 또한 수용자의 수와 생활 조건의 면에서 명백히 모든 기준을 넘어서는 것이었다.

그러나 현 시대에서 구금된 수용자의 수와 생활 조건에 대한 평가의 문제와 관련해서 과연 어느 정도가 그 기준이 되는가? 어느 정도면 이를 넘어섰다고 할 수 있는가? 그 한계는 어디인가? 어떤 나라의 수용 인구에 대해 우리가 직관적으로 잘못되었다고, 완전히 잘못되었다고, 도저히 수용할 수 없다고 말할 수 있는 수준은 어디인가? 또 생활 조건이 인간의 존엄성 아래로 떨어지는 때는 언제인가? 우리에게 직관적인 기준이 있기는 할 것이다. 이와 관련해서 이 책의 독자들이 이런 문제들에 대한 나의 생각을 알아주었으면 한다. 그러나 이러한 생각을 직관에서 논리적 추론으로 근거 지을 수 있을까?

_____

세 가지 **가정적** 사례에 대한 논의를 통해 이를 시도해 보자.

1. 만약 우리가 친절과 용서의 가치를 믿는다면, 우리는 형사법 체계
   를 작은 규모로 유지해야 한다.

인간으로서 우리 대부분은 다른 사람에게 무엇을 할 수 있고
무엇을 할 수 없는지에 대하여 기본적인 생각을 내면화하고 있
다. 쿨리Cooley의 정신에 따라 이를 표현하자면,● "최소한의 친
절과 배려 없이 다른 사람을 만난다면, 우리는 결코 성장할 수
없고 인간으로 발달할develop 수 없다"는 것이 된다. 기본적인 규
칙은 다음과 같다.

> 친절하라
>
> 살인하지 말라
>
> 고문하지 말라
>
> 의도적으로 해를 가하지 말라
>
> 복수보다 용서를 우위에 두라

- Charles Horton Cooley, *Human nature and the Social Order*, Charles Scribner, New York, 1902.

국가가 조절하는 **범죄의 적당한 양**

이것은 핵심 가치들이다. 자연법natural law에 대한 깊은 논의를 하지 않더라도, 나는 이러한 가치들이 논란의 여지없이 명백한 것이라고 감히 말할 수 있다. 그리고 형벌이 이러한 가치들을 깨뜨린다는 것도 마찬가지로 명백하다. 우리는 종종 형벌이 대체 무엇인지를 잊고 있는 것 같다. 형벌은 다른 사람에게 고통을 겪게 하려는 의도를 가진 행위이다. 즉 고통으로 의도된 고통을 부과하는 것이다. 그러므로 형벌은 위의 소중한 가치들과 기본적으로 어울리지 않는 행위이다. '눈에는 눈'은 (필수적인) 요구demand가 아니라 제한적인 명령command이었다. 형벌은 모든 곳에서 받아들여져 쓰이고 있지만, 그럼에도 불구하고 이것은 다른 중요한 가치들과 갈등 관계에 있다.

고통의 부과는 형벌의 핵심 요소이다. 고문이나 사형이 없는 나라에서도 마찬가지이다. 구금이 (수용자의) 모든 삶을 박탈하는 것은 아니다. 하지만 그 일부를 빼앗는 것이다. 무기징역형은 거의 모든 삶을 빼앗는다. 지그문트 바우만Zygmunt Bauman이 수용자를 완전히 고립시키는 초중구금시설Maxi-Maxi prisons에 대해 말했듯이, "수용자들이 여전히 먹고 변을 보고 있다는 사실에도 불구하고, 그들의 방은 관으로 느껴질 수 있다."•

• Zygmunt Bauman, "Social Issues of Law and Order", *British journal of Criminology*, Vol. 40, 2000, p. 209.

고통의 부과는 다른 소중한 가치들과 기본적으로 조화되지 않는 행위이다. 그러므로 윤리적 관점에서 보면, 적은 고통을 부과하는 사회가 그 양이 큰 곳보다 낫다. 고문과 사형은 한때 명백히 형벌의 한 형식이었다. 오늘날 우리와 비슷한 문화를 가지고 있는 대부분의 나라에서 이들은 사라졌다. 이들의 부존재는 우리 형벌체계가 가지고 있지 않은 것*absentia* 가운데 가장 중요한 것Crown Jewels이라고 할 수 있다. 이것은 우리의 자랑이다. 하지만 구금 또한 삶을 거의 빼앗는 것이다. 그것은 일상적으로 삶에 포함되어 있는 것의 대부분을 제거한다는 것을 뜻한다. 투옥은 고문이나 사형의 경우와 같은, 그 사용에 대한 반대를 받지 않아 왔다.

나에게는 한 나라의 적은 수용 인구수는 고문이나 사형이 없는 것과 같은 성스러운sacred 의미를 갖는다. 그 부존재는 우리 체제의 부조화disharmony를 덜 드러나게 한다. 이를 통해 이것은 우리의 가장 신성한 가치에 따라 삶에 더 많은 여지를 준다. 이러한 가치가 위협받을 때, 우리는 그 가치가 아니라 이를 위협하는 조건을 바꾸어야만 한다.

따라서 우리가 친절과 용서의 가치를 믿는다면 우리는 형사법 제도, 즉 고통으로 의도된 고통의 계획적 부과를 가능한 가장 낮은 수준으로 유지해야 한다.

국가가 조절하는 **범죄의 적당한 양**

2. 만약 우리가 문명 사회를 유지하는 것의 가치를 믿는다면, 우리는
   형사법체계를 작은 규모로 유지해야 한다.

많은 수의 바람직하지 않은 행위들을 형벌이 뒤따르는 경찰의 활동으로 통제하는 것은 물론 완벽하게 가능하다. 군대가 점령하는 동안 성장기를 겪었기 때문에 나는 이것을 잘 안다. 노르웨이 깃발을 옷깃에 꽂으면 투옥될 수 있었다. 깃발이 너무 위험해 보인다면, 종이 집게paper clip가 이를 대신할 수 있었다. 이것들은 저항하는 사람들을 하나로 연결시켰다. 하지만 점령자들도 이를 알았으므로, 클립 착용은 금지되었고 일부 사람들은 체포되었다. 이에 따라 공공장소에서 이 같은 상징의 사용은 줄어들었다. 또는 현대 사회의 예를 들자면, 안전벨트를 하지 않은 채 운전하는 것은 위험하다. 널리 보도된 몇 차례의 무거운 벌금은 이 위험한 습관을 최소화시킨다. 오토바이 운전자는 헬멧을 써야 한다. 이를 지키지 않는 행위를 통제하는 것은 매우 쉽고, 형벌기구에 큰 부담이 되지 않는다.

형벌은 강력한 수단heavy tool이다. 시민들은 고통을 받게 된다. 이런 목적을 달성하려면 권력이 필요하다. 우리 문화에서 이것은 권력 및 의도된 고통의 사용에 대한 엄격한 통제의 형식을 만든다는 것을 뜻한다. 문명 생활에는 공식적 그리고 비공식적인

상호작용이 섞여 있는 반면, 형사 제도는 공식성에 의해 지배되게 된다. 고통을 받을 수도 있는 사람들뿐만 아니라 이를 부과하는 사람들도 보호해야 하기 때문이다.

자유로운 시민들 사이의 상호작용은 문명 생활의 전형prototype이다. 그 대부분은 일차적인 관계에서 나타난다. 여기에서 문명성civility은 엄격하게 규제되고 제한된 역할에서가 아니라, 개인적 수준에서 완전한 인간으로서 만나는 것을 의미한다. 일차적 통제 또한 강해지고 남용될 수 있다. 하지만 상대적으로 개방되고 또 어느 정도 평등한 관계에서, 통제는 부분적으로 상호성mutuality에 근거하게 된다. 통제는 관계로 변해 간다. 이 또한 공식적 행위가 불가피하게 요구되는, 남용으로 이어질 수 있다. 폭력을 쓰는 배우자가 그 대표적인 예이다. 문제는 얼마나 자주 국가의 개입 또한 실패하는가, 그리고 얼마나 자주 (관계를) 분리하는 대안, 예컨대 위기센터crisis centers나 여성들의 연대 행동, 지역 사회의 개입과 같은 대안이 실행 가능한가 하는 것이다. "이번 토요일 밤에도 그녀는 비명을 질렀다. 왜 경찰이 오지 않는 거지?"

3. 만약 우리가 통합된 사회에서 사는 것의 가치를 믿는다면, 우리는 형사법체계가 커지는 것을 막아야 한다.

국가가 조절하는 **범죄의 적당한 양**

거대하게 성장한 형벌 제도는 사회 통합과 동화assimilation라는 이상에 대한 심각한 위협을 나타낸다. 극단적으로 일탈하거나 근본적으로 범죄인이라고 할 수 있는 사람들이 매우 적고 그들이 서로 멀리 떨어져 있는 한, 일반적으로 기소와 형벌은 사회의 통합을 증가시킬 것이다. 교도소 수용 인구가 적다면 일탈을 예외적인 것으로 생각하는 것이 가능하다. 정상성normality은 드문 이상성abnormality의 경우를 알게 됨으로써만 강화된다는 것은 일반적으로 인정된 지혜이다. 그러나 수용 인구가 많으면, 그 의미는 일탈이 아니라 전쟁이 된다. 외부의 조력자가 있는 통합된 사회는, 그와 같은 전체성이 있는 사회질서에 대해 잠재적으로 위험하다고 할 수 있는 큰 분파들을 가진 분열된 사회로 변형된다. 동시에 형벌을 선고받은 사람들에게 교도소는 부끄러움shame의 장소에서 사회생활의 일상적인 한 부분으로 바뀌어 버린다.

또 엄청나게 많은 교도소 인구는 젊은 남성들이 도심, 특히 그곳의 소수자 모임에서 대거 유출된다는 것을 뜻한다. 정상적인 발전, 즉 가족을 꾸리고 아이들을 양육하며 교육을 받거나 임금 노동을 할 수 있는 가능성이 크게 줄어든다. 도심에 사는 젊은 여성들은 때때로 그들의 상황을 전쟁의 경우와 비교해 볼 수 있다. 주위에 남자는 거의 없고, 따라서 가족의 삶을 만들 수 있는

가능성도 별로 없다. 또 설령 만든다 해도 가족이 해체될 가능성
이 매우 높다. 남자가 교도소로 갈 것이기 때문이다. 아마도 어
떤 사람들은 이러한 효과를 반길 것이다. 하지만 동시에 이러한
상황은 보통 민주주의 사회에서의 그것과 한참 거리가 먼 것이
라는 것을 알아야 한다.

  물론 전쟁과 같은 상황과 대량 구금에 대한 대안은 이들에게
교육, 일, 정치적·문화적 참여와 같은 정상적인 사회에서 얻을
수 있는 일반적인 몫을 주는 것이다. 지금과 같은 대량의 투옥은
이러한 발전의 길을 봉쇄한다.

  전前 노르웨이 외무부장관이자 역사학 교수인 할프단 코트
Halvdan Koht는 이를 다음과 같이 서술했다.[2]

> 우리나라의 건립은 계급적 애국심class patriotism이 국가적 애국심
> national patriotism으로 바뀌는 오랜 과정을 거쳤다. … 각 시대마
> 다 새로운 계급이 등장하여 그들의 권리와 권력을 요구하였고,
> 이는 마치 증오심이 등장하여 사회 전체를 파괴해 버릴 수 있는
> 씨앗이 뿌려지는 것 같아 보였다. 그러나 마침내 하층 계급이
> 그들의 목적을 달성했을 때, 사회는 자기 자신에게 새로운 차원
> 들을 더하여 이전보다 훨씬 더 풍요로워지게 되었다.

국가가 조절하는 **범죄의 적당한 양**

지금과 같은 형벌 제도의 확장을 반대하는 노력에는 분명한 이유가 있다. 세계적으로 형사법과 교도소 인구의 확대에 대한 압력이 항상 존재하는 상황에서, 일반적인 조언advice이 이러한 방향과 반대가 되어야 한다는 점은 명백하다. 수용하기 어려운 행위를 만들어 내는 조건을 줄여 보고 형벌기구의 규모를 제한하며, 특히 부과되는 고통의 양을 줄이기 위해 최선의 노력을 다해 보자. 이 상황에서 적당한 양은, 우리가 지금과 반대 방향으로 움직일 때에만 찾을 수 있다.

그러나 이러한 주장이 불합리한 것으로 되어서는 안 된다. 가장 좋은 사회에서조차도 일반적으로 받아들여지는 가치가 위협받는 때가 있다. 이를 위협하는 사람들이 그들의 시도를 절제하려 하지 않거나 그들이 해를 끼쳤을 사람들을 화해 절차에서 만나려 하지 않는, 또는 피해를 입은 사람들이 그들을 만나려 하지 않는 경우도 있다. 그런 상황이나 사람들 때문에 사회의 보배treasure인 형사법체계가 존재한다.

형벌 제도가 완전히 축소된다면 한 가지 특별한 위험이 발생한다. (형벌이) 반드시 필요하다고 느껴지면, 형벌과 비슷한 조치가 다른 이름으로under false labels 도입될 수 있다. 권력이 사용되지만, 위에서 서술한 형사법 내의 통제 장치는 작동하지 않을 것이다. 또 다른 위험은 처분treatment이라는 덮개 밑으로 고통의 부과를 감추는 것이다. 소련은 정치적 반대자들에 대해 정신치료시설을 가지고 있었다. 이 책의 〈머리말〉에서 언급했듯이, 노르웨이는 한때 알코올 문제에 대해 이른바 강제처분을 했던 적이 있다. 이것은 너무나 가난해서 공공장소에서, 자신들의 불행을 모든 사람들에게 보여 주면서, 음주를 할 수밖에 없었던 사람들에 대한 특별한 조치였다. 이 처분은 그들이 수년간 수용된 중重교도소에서 시행되었다. 한 전문가는 이들을 형벌로서 거기에 가두었다면 심각한 부정의의 사례가 되었을 것이라고 말했다. 그러나 처분에 대해서는 어떤 반대도 제기될 수 없었다. 나는 요즈음 꽤 인기가 있는 '마약법원'이—이 법원은 일반 형사법원보다 더 관대할 것으로 여겨지고 있다—우리가 우범지대skid row 사람들에게 했던 예전의 특별 조치와 같은 위험을 갖게 될까 봐 걱정이다.

그러므로 형사법체계의 감소에 대해서는 더 낮은, 최소한의 한계가 존재한다. 그러나 그러한 한계를 넘지 말라고 경고하는 것은 사하라 사막에서 홍수를 경고하는 것과 같은 종류의 것이다. 우리의 관심은 반대 측면, 즉 비정상적으로 형벌이 많은 사회의 위험으로 옮겨 가야 한다.

북유럽 국가, 또 서유럽과 캐나다에서도 중요한 질문은 미국에서와 같은 상황 전개가 불가피한가 하는 것이다. 이것은 그들 경제체제의 결과물인가? 아니면 복지국가 또한 점차적으로 미국 모델과 유사한 결과, 즉 계급 차별의 증가 및 일반 사람들 사이에서 불안전성uncertainty의 증가라는 결과를 맞을 수밖에 없는가? 우리는 많은 산업화된 나라들의 형사정책이 정치인들이 선전하는 중요한 의제가 되어 가고 있는 현상을 본다. 세계적인 경제 통제가 없는 상황에서 규제되지 않는 경제의 결과를 통제할 필요성이 커지고 있다. 가장 약한 사람들에 대한 불안정성, 잦은 변화, 나빠지는 생활 조건은 규제되지 않는 노동시장에서 비롯된다. 불안정성은 범죄인들에 대해 더 엄격히 대응하겠다는 정치적 약속으로 덮여진다. 그런데 이 범죄인이라는 단어는 점점 더 **최하층 계급**lower-lower classes이나 **위험한 계급**dangerous classes 혹은 어떤 나라에서는 잘못된 피부색wrong colour을 가진 사람들을 나타내는 말이 되어 버렸다. 이런 일들과 함께 마치 전쟁과 같은 상황이 무르익었다. 전 미국 법무부장관은 군사 전문가들에게 "당신들은 (지금까지) 외부의 적에 대한 전쟁에서 승리에 기여해 왔다"라고 말하면서, "이제 당신들은 내부의 범죄에 대한 전쟁에서 우리를 도와야 한다"고 주장하였다. 이 전쟁은 200만 명이 넘는 교도소 수용 인구라는 결과를 낳았다.

우리는 이런 식의 상황 전개에 여전히 저항할 수 없는 것인가?

우리가 성공하리라는 확신은 없다. 하지만 이 문제는 워낙 중요해서 다음과 같은 오래된 격언을 써도 될 것 같다. 즉 우리에게는 이러한 사태의 진전을 막기 위해 최선을 다할 도덕적 의무가 있다. 이 분야의 연구자들인 우리가 계속 침묵한다면, 우리는 이 정책을 기꺼이 수행하는 사람이 될 위험이 매우 크다. 특히 범죄학자들은, 내부고발자whistle blowers로서 특별한 책임을 지고 있는, 형벌 문제에 아주 가까이 있다.

어떤 의미에서 우리는 자연과학 분야의 동료들과 비슷한 상황에 있다. 그들은 지역적 또는 세계적으로 산업 발전 및 우리가 삶을 구성하는 방식의 파괴적 효과에 주목한다. 새로운 공장들, 더 많은 기름의 연소, 늘어나는 자동차와 비행기, 더 오염된 공기와 물, 전 지구의 점진적 온난화 등. 이들은 심각한 피해를 낳을 것이다. 자연과학자들은 이러한 위험을 경고한다. 많은 학자들이 그렇게 했다.

우리도 정확하게 같은 상황에 처해 있다! 우리는 사회체제에 대해 점차 증가해 가는 피해에 주목한다. 우리는 책임 있는 자연과학자들이 하는 것과 똑같은 방식으로 행동해야만 한다. 최근

에 퍼트리샤 롤린슨Patricia Rawlinson이 공식화하였듯이, "범죄학
자들은 사회체제에 대한 그린피스Greenpeace가 되어야 한다!"

이 지점에서 우리는 사회적 구성물social construction로서의 범죄
에 대해 말해야 한다. 바람직하지 않은 행위의 현상에 대해 더
깊이 분석하고, 그것을 바라보는 많은 방식 및 다양한 인식의 결
과들을 설명해야 한다. 또 이러한 행위와 그에 대한 인식을 야기
하는 일반적 힘들general forces을 드러내야 한다. 그리고 대안을
제시함에 있어서 우리의 사회학적 상상력을 동원해야만 한다.

앞선 장들에서 이미 많이 다루었으므로, 여기에서는 핵심 쟁
점만 요약하기로 하자. 우리는 범죄와 범죄인에서 출발하여 (이
들에게) 무엇을 해 주어야 하는지를 물어서는 안 된다. 모든 것
을 뒤집어 보아야 한다. 제재制裁체계에서 시작해야 하고, 기본
적 가치를 출발점으로 삼아야 한다. 우리는 다음과 같이 물어야
한다. 어떤 종류의 고통 그리고 어떤 종류의 고통의 분배를 우리
사회 형태에 알맞은 것으로 볼 것인가? 사회 가운데 형벌이 차
지하는 영역을, 친절이라는 가치와 우리 사회의 문명적·통합적
성격을 위험에 빠뜨리지 않고, 얼마나 크게 성장하도록 허용할
것인가? 그리고 이러한 한계가 세워지고 이것이 위협받거나 침
해될 때에는 어떻게 해야 하는지를 말해야 한다. 형벌 수준은
독립 변수로 격상되어야 한다. 바람직하지 않은 행위를 만들고

형벌에 대한 요구가 뒤따르는 조건들은, 바뀔 수 있는 종속 변수로 격하되어야 한다. 우리는 어디가 적당한 지점인지를 구체적으로 정확하게 말할 수는 없다. 그러나 형벌이 가치의 순위에서 낮은 순서에 해당하는 행위라고 할 수는 있다. 따라서 형벌은 첫 번째가 아니라 마지막 대안이 되어야 한다. 우리는 이러한 비용이 계획 과정에서 고려되어야 한다고 말할 수 있고 또 말해야 한다. 여기에서 경제적 이익은 형벌의 비용과 비교하여 판단되어야 한다.

8.4 재통합을 위한 국가의 창피 주기?

그러나 우리가 말하는 것이 문제가 되고 있는가? 일탈과 통제 분야의 전문가로서 우리는 도대체 최근 수년간 벌어진, 우리가 본 사태에 대해 영향을 줄 수나 있는가? 별로 없다. 하지만 내 개인적 경험과 앞날에 놓여 있는 장애물에 대해 말해 보겠다. 나는 존 브레이스웨이트John Braithwaite[3]가 자주 언급하는 용어인 '재통합을 위한 창피 주기reintegrative shaming'에서 시작할 것이다. 이것은 일탈 통제의 핵심적 활동으로부터 나온 개념이다. (즉 다음과 같이 말한다.) "너의 행위는 개탄스럽고, 나쁘고, 잘못된 것이었다. 우리는 이것을 너에게 말해야 하고, 너를 창피스럽게 해야 한다. 그러나 다른 부분에서 너는 괜찮은 사람이다. 잘못된 행동을 그만두고 집으로 돌아와라. 그러면 우리는 양을 잡아 잔치를 열 것이고, 너의 귀환을 반갑게 맞이할 것이다." 사람을 재통합하기 위해서는 부정적인 것과 긍정적인 것이 모두 드러나야 한다. 형벌이 매우 비효율적인 수단인 것은 바로 이 점에서이다. 재통합적 시각에서 복역을 마치고 석방된 죄수는 언제나 벽 밖에서 오케스트라를 만나야 한다. 그다음에는 통합을 위한 커다란 축제가 열려야 한다. 이것은 재통합이 될 것이다.

다음은 국가 차원에서 창피 주기이다.

나라를 살펴보는 것은 책을 읽는 것과 비슷하다. 범죄학자로서, 나는 문화적 일을 하는 사람이기도 하다. 문화 일꾼으로서 범죄학자는 도서 비평가의 역할을 할 수 있다. 우리는 우리가 보고 읽은 것을 서술하고, 분명한 기준에 따라 그것을 평가해야 한다. 또 우리의 관찰과 의견에 대한 정보를 알리려 노력해야 한다.

그 이상의 것을 할 필요는 없다. 중요한 정책 결정자들이 관찰자observer의 입장에서 보고 형벌정책을 바꾸기 시작할 것이다.

이러한 상황이 1960년대에 핀란드에서 발생했다. 나는 덴마크, 핀란드, 노르웨이, 스웨덴의 수용자 수를 비교하는 연구를 했고, 그 결과를 헬싱키에 있는 법과대학에서 발표했다. 주요 내용은 핀란드가 다른 북유럽 국가들에 비해 그 수가 크게 많다는 것이었다. 이것은 핀란드가 한때 러시아의 지배를 받았다는 것, 그리고 지금도 여전히 어떤 점에서는 러시아와 비슷하다는 사실을 일깨워 주었다. 나는 이 강의를 통해 무언가를 바꿀 의도는 없었고, 단지 설명했을 뿐이었다. 당시 나는 젊고 얌전하였다modest. 하지만 이 숫자는 청중에게 충격을 주었고, 그들의 체제를 수정하게 하는 계기가 되었다. 핀란드는, 문화적으로, 러시아가 아니라 스칸디나비아에 속하기를 원했다. 이것은 제2차 세계 대전 직후 스탈린 시대에 특히 중요한 일이었다.

———————

오늘날 러시아는 유럽과는 다른out of line 나라이다. 수용자의 수에서도 마찬가지이다. 하지만 러시아의 중요한 지식인들은 자신들의 나라가 서유럽의 일부가 되기를 원한다. 방문자들을 초대하고, 그들이 본 것을 알려 주기를 기대한다. 국제 형벌 개혁위원회Penal Reform International[4]는 이 과정의 가장 적극적인 참여자이다. 나는 이 모든 것의 아주 작은 한 부분일 뿐이다.

러시아 방문객으로서 나는 예전에 핀란드에서 가졌던 느낌, 즉 통상의 유럽 표준과는 아주 거리가 먼 것을 경험하는 불쾌한

국가가 조절하는 **범죄의 적당한 양**

문화를 접한다. 이것은 교도소 인구의 상대적 규모 문제에서도 마찬가지이다. 러시아가 모든 교도소 인구의 전체 규모와 재구속remand 교도소의 상태까지 공개한 것은 상당히 놀라운 일이다. 러시아의 대학에서 내가 한 강의의 주제는 수용자 수를 줄이는 것이 절박하게 필요하다는 것이다. 나는 "러시아처럼 지독하게 과밀수용되어 있는 체제에서 심리학적 치료나 교육에 대해 말하는 것은 아무 의미가 없다"고 말했다. 경찰에 대한 보상은 피의자를 잡아 유치장에 가둔 때가 아니라 사건을 종료시킨 때에 이루어져야 한다. 러시아가 유럽의 정상적인 한 부분이 되고 싶다면, 교도소 인구에 대해서도 유럽처럼 되어야 한다.

에스토니아Estonia, 라트비아Latvia, 리투아니아Lithuania도 같은 처지에 있다. 이들은 스칸디나비아와 비슷해지기를 원한다. 두 지역을 나누는 것은 단지 물water뿐이고, 문화적으로는 많은 것이 비슷하다. 하지만 이들이 다른 시대와 다른 문화에 속한 형벌 기구를 유지한다면, 이러한 유사성은 착각일 뿐이다. 한 나라의 일반적인 문화가 이것에 영향을 받지 않고 그대로 남아 있을 수 있을까? 또 이렇게 엄청나게 많은 수용자를 가진 나라들은 반사회적인anti-social 부분 문화가 성장하기 위한 조건을 완벽히 갖추었다고 볼 수 있다. 이런 형태의 부분 문화에서 단련된 사람들은 그들이 가까이하고자 하는 스칸디나비아를 방문했을 때, 자신들의 나라를 대표하여 따뜻하게 환영받는 사람이 되지는 못할 것이다.

이 나라들의 많은 관료들은 다른 면에서 우리를 당황하게 한다. 요즈음 이들은 상당한 자부심을 가지고 자신들의 수용 인구, 특히 재구속 교도소의 수용자가 줄었다고 보고한다. 이것은 러시아가 유럽에 가까워지고 있음을 나타내는 징표이다. 이 현상에서 이 책의 핵심 주제가 드러나게 된다. 즉 교도소의 수용자 수는 범죄에 의해서가 아니라 일반적인 문화에 의해서 정해진다. 자랑할 만한 또 다른 변화도 보고된다. 러시아가 이제 사형을 폐지했다는 것이다. 이것은 유럽 의회Council of Europe에의 가입을 허가받기 위해 반드시 필요한 것이었다.

그러나 이러한 감소는 결코 안정적인 것은 아니다. 두 가지 전쟁이 이를 위협한다. 첫째는 체첸Chechenya에서의 전쟁 그리고 이와 연결된 모든 직간접적인 폭력 행위이고, 둘째는 마약과의 전쟁이다. 러시아를 방문하는 사람 중에는 형벌 개혁가만 있는 것이 아니다. 마약 전문가들도 거기에 있다. 나는 두마Duma*에서, 강한 권력을 가진 의원이 러시아 젊은이들을 마약으로부터 보호하는 일의 중요성을 주장하는 연설을 들으면서 우울한 시간

● 러시아 연방의 의회. 1993년부터는 하원의 역할을 하고 있으며, 모두 450명의 의원이 있다.

을 보낸 적이 있다. 그는 "이것이 널리 퍼질 수 있으며, 마약 흡입자 한 명이 열 명을 중독시키고 따라서 확대는 계속될 것이어서, 무거운 형벌이 이 유행병 같은 확산을 막기 위해 반드시 필요하다"고 했다. 나는 전에도 이런 말을 들은 적이 있다. 서쪽에서 이미 실패한 마약과의 전쟁이 이제 예상 가능한 결과와 함께 동쪽에서 위험스럽게 반복되려 하고 있다.

교도소 인구의 감소와 관련하여 러시아 남부의 상황은 거의 희망이 없다. 벨라루스Belarus는 변하지 않는다. 전체주의체제 그대로이다. 그들은 서유럽의 일부가 되기를 원하지 않는다. 그들은 예전의 러시아처럼 되기를 바라고 또 러시아가 이전 모습으로 돌아가도록 영향을 끼치려 한다. 나는 이것이 그들의 교도소 인구의 증가는 물론, 앞서 4장에서 말한 여성 판사가 더는 일을 하지 않겠다고 했을 때 그들이 보여 준 분노를 설명해 준다고 생각한다. 또 물론 그들은 사형을 폐지하지 않았다. 나는 이 나라의 큰 교도소 지하실로 안내되어 본 적이 있다. 그곳에는 좁은 방에서 사형 집행을 기다리는 두 명의 죄수가 있었다. 나는 문구멍으로 그들을 들여다보라는 제안을 거절하고, 복도 끝에서 냉소적으로 바라보고 있는 개들에게 관심을 집중했다. 몇 달 전에 같은 방에서 집행을 기다리던 다른 두 명의 사형수가 자살을 했다. 그들은 같은 줄에 함께 목을 매달았다.

그럼에도 불구하고 유럽에서 가장 많은 구금을 하는 나라인 러시아의 상황은 희망이 있다. 수용자 수의 증가는 멈추었고, 아주 조금 줄어드는 모습도 볼 수 있다. 기꺼이 이 문제를 논의하려 하고, 개방된 토론을 가능하게 하는 분위기도 있다.

━━━━━━━

이 책의 초고를 출판사에 보내기 몇 주 전에, 나는 쿠바에서 강의를 하면서 며칠을 보냈다. 보통 나는 어떤 나라를 그 형벌체제를 통해서 파악한다. 그런데 이번 경우는 이것이 특히 쉽지 않았다. 나는 쿠바의 어떤 교도소에도 가 보지 못했다. 그들의 수용자 수는, 예전의 소련에서와 똑같이 국가 기밀이다. 물론 소련의 수용 인원은 추정이 가능했다. 나는 그 추정의 근거를 《산업으로서의 범죄통제》[*]에서 설명한 바 있다. 쿠바의 상황에 대해서는 내 지식에 빈약한 한계가 있고, 다만 대강의 추정만 할 수 있을 뿐이다. 예를 들어 성매매 여성에 대해 쿠바는, 그들이 형벌이라고 부르지 않는 처분을 적용한다. 이에 따라 얼마나 많은 사람들이, 어떤 조건에서 살고 있는지 나는 알지 못한다.

- Nils Christie, *Crime Control as Industry: Towards Gulags, Western Style(3rd ed.)*, Routledge, London, 2000.

그러나 나는 쿠바가 매우 높은 구금률을 가진 나라의 범주에 속할 것이라고 상당히 확신한다. 내 추측으로, 2003년 현재 수용자 수는 아마 5만에서 6만 명 사이일 것이고, 후자, 즉 6만에 더 가까울 것이라고 생각한다. 이것은 인구 10만 명당 454명에서 545명이 수용되어 있다는 것을 뜻하고, 이 수는 카리브해 Caribbean 연안 나라들 가운데에서는 많은 것이다. 또 쿠바의 수용자 수는 1997년 이래 크게 증가해 왔는데, 내 추측으로 당시에는 10만 명당 300명보다 적었을 것이다. 1987년에는 이보다 더 적었다. 아마도 이때 이래로 수용자 수는 세 배가 된 것 같다. 또한 쿠바는 올해 봄 3명에 대해 사형을 집행했다. 지난 수년 동안 이들은 사형 집행을 하지 않았었다.

이러한 상황의 배경에는 무엇이 자리 잡고 있는가?

쿠바는 그들의 북쪽에 있는 커다란 이웃 나라(미국)로부터 엄청난 압력을 받는다. 그들이 선언한 사회주의는 그들의 완고한 민족주의와 결합하여 미국으로부터 무거운 제재를 받았다. 게다가 그들의 경제는 소련이 해체되었을 때 심한 타격을 받았다. 이를 견디기 위해 쿠바는 어느 정도 경제를 개방할 수밖에 없다. 이제 미국의 달러는 합법적인 화폐가 되었다. 어떤 사람들은 외국에 있는 친족들로부터 돈을 송금받는다. 쿠바의 기준으로는 이것은 상대적으로 큰돈이다. 관광산업으로 벌어들인 돈도 통제하기가 어렵다. 이 모든 것들은 암시장의 확산과 빈부 격차의 증가를 막지 못하게 한다. 하다드Haddad는 이 모든 상황을 자세히 묘사한다.* 삶은 어렵고, 이러한 어려움은 모두 경험해 보지 못한 것이므로 더욱 어렵게 느껴진다. 이웃 나라들과 비교해서 쿠바는 가장 약한 인구 집단을 위해 아주 잘 개발된 복지체제를 가지고 있다. 문맹자도 없고, 길거리에서 노숙하는 어린아이도 없다. 의료체계도 잘 정비되어 있어서 여기를 방문한 가장 보수적인 노르웨이 의원도 쿠바로부터 배울 것이 많다고 말할 정도이다. 그럼에도 불구하고 외부의 압력과 내부의 차별differentiation은 그 대가를 지불하게 한다. 나약해진 국가는 (국민을) 물어뜯고, 좌절한 사람들은 이를 참고 있다.

여기에 비밀에 의해 만들어진 엄격함이 더해진다. 어떤 점에서 상황은 제2차 세계 대전 이후 핀란드와 비슷하다. 핀란드 사람들은 그들의 많은 교도소 인구가 스칸디나비아 통상의 표준에서 얼마나 벗어난 것인지를 알지 못했다. 하지만 그들이 이를 알게 되자 사정이 바뀌었다. 쿠바에서처럼 교도소 인구 수가 국가 기밀인 상태에서는 이 문제에 대해 어떤 논의도 시작되기 어렵다. 또 비밀은 체제의 내부 작용에 대한 어떤 비판도 어렵게 만

● Angela Haddad, "Critical Reflexivity, Contradictions and Modern Cuban Consciousness", *Acta Sociologica*, Vol. 46, 2003, pp. 51~68.

든다. 법관들은 어떻게 선발되는가, 그들은 누구인가, 또 만약 엄격한 정책을 지키지 않을 경우 그들은 어떻게 되는가? 검사들은 누구인가, 그들은 어떻게 훈련되는가? 또 교도관들은 어떻게 선발되고 훈련되며, 그들은 무엇을 지향하는가?

쿠바에 대한 마지막 하나의 문제는 역사와 문화적 전통에 관한 것이다. 이 나라는 지금 마치 전쟁을 치르는 것처럼 느끼고 있는데, 그들의 역사 또한 극단적으로 처참한bloody 것이었다. 또 한 가지 중요한 점에서 이 나라는 러시아나 미국과 같은 역사적 경험을 가지고 있다. 즉 쿠바는 노예제 국가였다. 1868년에야 비로소 이것이 폐지되었다. 그보다 6년 전에 140만 명의 인구 가운데 50만 명에 가까운 흑인 노예가 있었다.

이 문제에 어떻게 접근할 것인가? 오래된 방법에 따라 나는 이상ideals을 현실practice과 비교해 보려 한다.

쿠바는 평등한 사회를 건설하려는 이상을 가지고 있다. 이것은 스칸디나비아 복지국가의 그것과 비슷하다. 쿠바와 스칸디나비아에는 노동조합들 사이에 밀접한 관계가 있다는 전통이 있다. 그런데 국가가 매우 많은 사람들을 교도소에 구금했을 때, 이 이상은 어떻게 되는가?

나는 쿠바 교도소를 방문해 본 적이 없다. 하지만 쿠바와 비슷한 나라들에 있는 대규모 교도소들에 대한 관찰에 근거해서, 나는 적어도 이런 교도소들이 통상 어떻게 되어 가는지를 말해 볼 수는 있다. 수용자 수가 많고 (형벌) 제도가 급격히 성장하면, 확실히 교도소는 커지고 과밀수용이 이루어지게 된다. 상대적으로 교도관의 수는 부족할 것이다. 이것은 수용자 자신들이 교도소 내부의 생활을 지배하게 된다는 것을 뜻한다. 수용자들 사이에서 위계질서가 생겨나는 것이다. 맨 꼭대기에는 그의 신하들로 둘러싸인 왕이 있다. 그에게 충성하는 일단의 악한들thugs은 더 낮은 지위의 수용자들을 통제한다. 그리고 대다수의 수용자들은 보통의 지위에 있게 된다. 맨 밑에는 천민untouchables이 있게 되는데, 이들은 비천한 일을 맡고 결국에는 우월한 수용자를 위한 창부prostitutes의 역할을 하게 된다. 체제 안에 신분 제도caste system가 만들어지는 것이다. 이것은 쿠바가 전체 사회에 대해 만들려고 애쓰는 것과 정반대의 체제이다. 나는 쿠바에서도 이런 모습이 나타나는지를 물어본 적은 없다. 하지만 그렇지 않다는 얘기도 듣지 못했다.

여기에서 우리는 다시 적당한 수용자 수의 문제로 돌아오게 된다. 이렇게 많은 수용 인구를 가진 나라에서 발생한 일은, 그들이 반사회anti-society를 만든다는 것이다. 이들은 자신들의 지배적인 이상과 극단적으로 대조되는 사회를 만든다. 평등한 복지국가를 유지하기 위해서 그들은 복지국가를 부인하는 제도를 발전시킨 것이다. 그들은 (그 제도에의) 참여자들이, 쿠바 정부가 달성하기 위해 노력하는 이상과는 정면으로 모순되는 삶의 방식으로 효과적으로 훈련되는, 그런 제도를 만든다. 결국 이것은 쓸모없는 것이 되고 말 것이다. 이것은 그 사회의 기본적인 가치를 위험에 빠뜨릴 것이다.

지금 내가 말하고 있는 것은 몇 나라에 창피를 주어 그들의 형벌정책을 바꾸게 하려는 나의 시도에서 가장 중요한 부분이다. 또 나에게는 매우 많은 교도소 인구를 가지고 있는 쿠바와 그 밖의 나라에서 강의할 때, 다른 하나의 주제가 있었다. 그것은 대안적인 갈등 해결 방식에 대한 것이다.

대규모의 교도소 인구는 주로 최근의 현상이다. 많은 나라들에는 예전에 빈번하게 사용하던 다른 해결책이 있었다. 그들 중 어떤 것은 다소 가혹하지만, 또 어떤 것은 매우 평화적이다. 그렇다면 여기에서 회복적 정의나 이 책의 6장과 7장에서 다루어진 방법들과 같은 갈등 해결의 대안적 형태가 참고될 수 있다. 이것은 어떤 나라에 외국의 제도를 강제로 시행하게 하는 제국주의적 방식이 결코 아니다. 이것은 여러 나라들을 그들 자신의 근본roots으로 연결하고, 많은 수용 인구가 불가피한 것이 아니라는 점을 증명하려는 시도이다. 대안은 존재한다.

그러나 나는 노르웨이, 즉 상당한 표현의 자유와 여러 정치 정당, 원한다면 어떤 조직이든 가입할 수 있는 자유, 적어도 노르웨이 국적이 있는 한 여행에 제한을 받지 않는 자유 등을 가진 조그만 나라 출신이다. 이런 배경을 가진 채로 위의 자유들에 제한이 있는 쿠바를 바라보아서는 안 되는 것 아닌가? 특히 무엇보다 그들의 정치적 반대자에 대한 투옥을 꾸짖는 것이 옳은 일일까?

나는 다른 반대편, 즉 일반적인 수용자들로부터 시작해 보려고 한다. 정치적 반대자에 대한 구금은 정치 문화의 일부이다. 그런 정치 문화는 형벌 문화로 이어진다. 많은 수용 인구를 가진 나라는 그러한 조치(즉 구금)를 사용하는 습관이 든 것이다. 이런 나라에서 정치적 반대자의 투옥에 대한 반대는 그리 강하지 않다. '일반적 범죄인'으로 볼 수 있는 사람들에 대해 사형이 광범위하게 사용되는 나라에서는 정치적 반대자에 대한 사형 집행에 대한 반대도 마찬가지로 약하다.

고문에 관해서도 마찬가지이다. 예전에 나는 그리스의 고문반대센터a centre against torture 개소식에 초대된 적이 있다. 쿠데타를 일으키고 이 나라를 통치했던 군사 정권이 몰락한 직후였다.

국가가 조절하는 **범죄의 적당한 양**

전前 정치범이었던 사람의 연설은 내가 기억하는 최고의 것이었다. 그가 고문을 당했는가? '아니'라고 그는 엄숙하게 말했다. 하지만 그 교도소에 있는 것은 끔찍한 일이었는데, 왜냐하면 고문을 당하는 일반 수용자들의 비명 때문이었다. 고문은 경찰이 사용하는 일상적인 수단이었다. 그렇지 않고서 그리스에서 어떻게 범죄 사건들을 해결할 수 있었을까? 나중에 나는 매우 중요한 경찰 간부 한 사람이, 효율적인 경찰 업무를 위해 이 수단을 사용할 수 없다면 사직하겠다고 했다는 말을 들었다. 그의 제안은 거부되었고, 나는 그가 사임했는지는 알지 못한다.

간단히 말해서 나의 요점은 정치적 반대자에 대한 투옥을 줄이는 가장 좋은 방법은 일반적인 구금의 사용을 최소화하는 것이라는 점이다. 여러 나라 출신의 수용자들 대부분은 정치 제도와 관계없이 가난하고 비참한 상태에 있다. 그들의 삶의 조건을 개선함으로써 특히 그들을 교도소 밖으로 내보냄으로써, 우리는 정치적 반대자에 대한 투옥도 함께 막을 수 있다. 교도소 인구를 최소화하고, 처우를 인간화하며, 모든 사형과 고문의 집행을 폐지하는 것이, 이 특별한 분야(즉 형벌)에서 정치적으로 또 민족적·사회적으로 박탈당한 소수 집단을 보호하는 최선의 방법이다. 나는, 누군가가 가질 수 있는 의견, 즉 내가 더 크게 말해야 하고 일반적으로 인권에서 멀리 벗어나 있는 일당one-party 국가들을 대상으로 해야 하며 특별하게는 노르웨이의 기준을 말해야 한다는 생각을 존중한다. 하지만 나는 그렇게 하지 않을 것이다. 그것은 잘못된 한쪽 끝에서 출발하는 것이다.

8.5 미국—세계 챔피언

아래의 내용에 대해 내 마음은 편하지 않다. 문화적·지적·감정적으로 매우 가까운 나라인 미국. 나는 그곳에 여러 차례 다녀왔고 늘 따뜻한 환대를 받았다. 나는 이 나라의 여러 면을 좋아한다. 젊었을 때는, 내가 만약 오슬로에 살 수 없게 된다면 뉴욕에 가야겠다고 생각한 적도 있다.

———

소련이나 쿠바에 비해 미국은 모든 정보를 공개한다. 교도소 수용자 수는 쉽게 찾아볼 수 있고 분명하게 나타나 있다. 2002년 6월 그 수가 200만 명을 넘어섰을 때 또 2003년 여기에 10만 명이 더해졌을 때에도, 미국 신문들은 대서특필하였다. 혹시 이런 공개는 어떤 문제점을 반영한 것일까?

기본적으로 이 엄청난 수용 인구를 창피스러운 일은 아닌 것으로 보는 듯하다. 범죄에 대한 일종의 불가피한 해결책 혹은 힘과 효율성의 지표로 보는 것 같다. 물론 지배적인 입장에 대한 반대는 있다. 하지만 이 반대는 적어도 강하거나 영향력이 있는 것 같지는 않다.

나에게 미국 형벌 제도는 그들이 주장하는 자신들의 고유한 근본적 가치를 부정하는 것으로 보인다. 미국은 열린 사회이다. 아무도 나의 말을 검열하지 않는다. 나는 자유롭게 이동할 수 있고, 돌아오라고 초대되기도 한다. 그러나 미국 형벌 제도에서 200만 명에게 그리고 여기에 더해 450만 명 이상의 보호관찰 대상자와 가석방자들에게 일어나는 일은 이미 오래전에 그들의 가치가 반영된 것으로 이해할 수 있는 수준을 넘어서 버렸다. 미국은 물질적으로 세계에서 가장 부유한 나라이다. 그럼에도 불구하고 복지 대신에 교도소를 활용한다. 이 나라는 끊임없이 자유에 대해서 이야기한다. 그럼에도 불구하고 세계에서 가장 많은 교도소 인구를 가지고 있다. 이 나라는 노예제 폐지가 적어도 그 동기의 일부였던 격렬한 내전을 겪었다. 그럼에도 불구하고 교도소 담장 안에는 흑인의 비율이 비정상적으로 높다. 이 나라는 사회성sociobility을 매우 강조한다. 그럼에도 불구하고 매우 많은 수의 수용자들은 다른 어떤 경우와도 비교할 수 없을 정도로 완전히 고립된 상태에서 살고 있다.* 이 나라는 국가권력의 한계를 강조한다. 그럼에도 불구하고, 연방 및 주 모두에서, 그 국가권력을 최대한으로 유지하게 하는 엄청난 수의 피고용자들 employees을 가지고 있다. 요컨대 미국은 포섭inclusion 대신 배제 exclusion 전략을 쓰고, 나아가 가장 원하지 않는 일부 사람에 대해서는 사형을 집행한다.

미국의 형벌정책은 자신들의 나라 안에서 인간적 가치에 반하는 위협을 나타내고 있다. 또 이렇게 막대한 형벌 영역은, 그들 자신의 사회가 가지고 있는 문명적 성격을 유지하려는 관심을 벗어나는 심각한 위험을 드러낸다. 뿐만 아니라 이 형벌정책은 그 모델적 힘을 통해 외국에서도 위험이 된다. 노르웨이의 의원들은 무관용zero tolerance에 대해 배우기 위해 뉴욕에 간다. 그들만이 아니다. 위험스러운 것은 미국의 기준에 순응하는 것에 대해 부끄러움을 느끼게 될 사람들이 바로 우리, 즉 (이 문제에 대해) 비판적인 사람들이라는 점이다.

———————

• Roy D. King, "The Rise and Rise of Supermax: An American Solution in Search of a Problem?", *Punishment and Society*, Vol. 1, No. 2, 1999, pp. 163~186.

이 상황에서 어떻게 해야 하는가? 교도소 문제에 대해 지식이 있는 사람은 이렇게 많은 형벌기구를 가지고 있는 나라는 가지 않아야 하는가? 그렇지 않다. 이런 입장은 이 책에서 내가 전하려 하는 모든 것과 전적으로 반대되는 것이다. 당연히 우리는 우리가 동의하지 않는 사람들과도 접촉을 유지해야 한다.

오히려 우리는 (미국에) 더 자주 가야 한다. 하지만 미국과 같이 개방된 사회에 대한 전문적 방문의 무조건적인absolute 전제는 그들의 형벌정책에 대한 부동의를 분명히 드러내는 것이 되어야 한다. 외국에서 본 다음과 같은 시각을 드러내는 것이 필요하다. 미국 형벌 제도의 비정상적인 규모가 미국 학자들 사이에서 지배적인 주제가 되지 않는 것, 이 제도의 존재 자체가 다양한 전문가들의 모임에서 지배적 주제가 되지 않고 형벌 제도가 정상화될 때까지 그대로 있는 이유를 이해하기 어렵다. 또 록펠러 재단Rockefeller Foundation이나 포드 재단Ford Foundation과 같은 대규모 연구 재단은 그들 국가의 내부 작동이 정상적으로 이루어지지 않는 것을 왜 보지 못하는가? 대학과 교도소 내의 여러 전문가 집단은 왜 활동가 모임들activist groups을 미국 제도를 정상적으로 바꾸는 데 활용하지 않는가?

전체주의 국가를 방문할 때, 나는 반드시 이렇게 솔직해지지는 않을 것이다. 분명한 말, 특히 대중 앞에서의 분명한 말은 즉

각적인 접촉의 단절로 이어질 수 있다. 또 이것은 그 나라의 우리 동지들을 심각한 문제나 위험에 빠뜨릴 수도 있다. 교도소 연구 또는 수용 불가능한 행위에 대한 다양한 형태의 연구에서, 정보 제공자를 보호해야 할 의무가 있다는 것을 우리 모두는 잘 안다. 이것은 우리의 정보원情報源이 무겁게 처벌될 수 있는 나라에서 일하고 있을 때에도 마찬가지이다. 러시아의 시인인 안나 아크마토바Anna Achmatova는 영국 팬들admirers의 방문을 받은 후에 심한 어려움을 겪었다. 이런 나라를 갈 때에는 미국의 경우보다 더 많은 자기 검열self-censorship이 필요하다. 나는 이 차이가 미국의 자랑일 것이라고 믿는다.

　이것은 동시에 미국의 동료를 만날 때 우리는 자유롭고 솔직하게 말해야 한다는 것을 뜻한다. 우리는 우리의 우려를 드러내야 한다.

———

범죄학자들은 위험한 사람이 될 수 있는 잠재성이 아주 높다. 푸코Foucault*가 회의적이었던 것은 놀라운 일이 아니다. 우리들 중

* Michael Foucault(1925~1984). 프랑스의 철학자, 사상사(思想史)학자. 푸코는 주로 권력에 대한 지식 및 자유의 관계를 다루었고, 이것이 다양한 제도(예컨대

일부는 권력, 또 의도적인 고통의 전달과 가까이에서 일한다. 우리는 우리의 중요한 가치에 정면으로 반하는 무겁고 큰 고통을 전달하는 기술자technicians가 쉽게 될 수 있다. 다른 한편 권력에의 근접성은 자산이 될 수 있다. 이것은 형벌체제를 가치와 문명성과 관련해서 보았을 때, 개탄스러운deplorable 위치에 있는 국가에 이를 알려 줄 기회를 줄 수 있다.

아마도 미국에는 다른 모든 나라를 합친 것보다 더 많은 범죄학자와 이 분야의 전문가들이 있을 것이다. 몇몇 사람들은 위험스럽게 비참한 체제 가까이에서 일한다. 또 어떤 사람들은 그 내부에서 일한다. 이들은 근접성proximity을 나타내고 따라서 자연스럽게 외국으로부터 비난을 받는 대상이 된다.

물론 나는 많은 미국의 동료들이, 아마 다수의 학자가 미국 형벌 제도에 대한 이러한 견해에 동의하고 있다는 것을 안다. 그들은 교도소가 범죄의 대학universities이며, 정상적인 대학에 투자하는 것이 더 낫다는 것을 알고 있다. 그들은 많은 주민을 교도소에서 생활하게 하는 것이 도시 내부의 삶을 약화시킨다는 것도 안다. 그들은 (이미) 알고 있고, 많은 학자들은 발언도 한다.[5] 하

교도소 또는 정신병원)에서 어떻게 사회 통제의 형식으로 사용되는지를 분석했다. 주저로 《광기와 문명(*Madness and Civilization*)》, 《규율과 처벌(*Discipline and Punish*)》, 《성의 역사(*The History of Sexuality*)》 등이 있다.

지만 전적으로 무력감을 느낀다. 정말로 그렇다. 나비의 날갯짓이 이탈리아를 건너 사하라에서 폭풍을 일으킬 수도 있지만, 버클리Berkeley에서의 범죄에 대한 강의가 워싱턴의 행위를 바꿀 수 있으리라고 기대하기는 어렵다. 이 강의가 통치자들의 이해관계에 맞게 바뀌지 않는 한 말이다.

예전의 소련 혹은 지금의 러시아나 다른 동유럽 국가를 방문하고 돌아오면, 나는 종종 그들이 내 말을 귀 기울여 들었다는 느낌을 받았었다. 그러한 방문이 많이는 아니라도 조금, 형벌제도 가까이에서 일하는 몇 사람들에게 아마도 조그마한 자극이 되지 않았을까 생각한다. 아마 이것은 내가 그 환경에서 낯선 새strange bird이기 때문일 것이다. 내가 얘기하는 것을 말하는 사람은 많지 않다. 또 아마 이것은 동유럽 사람들이 '지식인intelligentsia'이라고 부르는 상당한 영향력을 가진 집단인, 그들의 지위와도 관련이 있다. 혹은 오늘날에는, 앞에서도 말한 대로, 서유럽의 기준에 다가가려 하는 진짜 바람genuine wish과 관련이 있는 것일 수도 있다. 그러나 미국에는 이런 충동urge이 없다. 그들은 스스로가 표준이다. 많은 미국의 동료 학자들이 이에 굴복하여, 공포스러운 자신들의 체제를 비난하지 않고 숨어 버리는 것을 이해하는 것은 어렵지 않다.

국가가 조절하는 **범죄의 적당한 양**

미국 동료들의 책임을 완화시켜 주는 다른 하나의 요소가 있다. 즉 유럽도 곧 (미국을) 따라올 것이라는 점이다. 미국에 더 많은 범죄학자들이 있기는 하지만, 유럽도 같은 길에 올라섰다. 그들도 형벌 제도 내부의 상황 변화와 이에 대한 학문적 비판의 가능성 양면에서 현대 사회에 적응해 갈 것이다. 그 한 예로 노르웨이의 상황을 들 수 있다.

8.6 대학의 잃어버린 유산

우리는 지금 일어나고 있는 사회적 변화의 결과를 알고 있다. 그러나 우리는 (이에 대해) 많이 그리고 강하게 말하지 않는다. 우리가 말할 수 있는 것은 시대 정신에 거스르는 것으로 매우 비현실적으로 들린다. 우리는 (이런 흐름에서) 완전히 벗어나지 않기 위해 우리 스스로를 검열한다. 근본적으로, 우리가 말할 수 있는 것은 형벌의 확대를 막고 싶다면 일차원적 사회의 성장을 저지해야 한다는 것이다. 우리는 경제적 제도가 지배적 위치를 차지하는 것을 중단시켜야 한다. 발전은 허위fake이다. 우리가 서로서로에 대해 역할 담당자role incumbents로서만이 아니라 사람으로서 관계를 맺는 사회 형태로 되돌아가는 것 이외에 다른 대안은 아마도 없을 것이다. 그런 존재로서 우리는 서로를 죽이기도 할 것이다. 천국paradise은 (현실보다) 한 계단 위에 있다. 그러나 우리는 형벌기구가 유일하고 명백한 답이 되는 그런 조건에서 사는 것보다는 덜 고립되게 될 것이다.

이런 일반적인 조언 이외에, 우리는 앞서 5장에서 말한 모든 자그마한 진실들—지하철의 차장, 슈퍼마켓 줄이기, 지역 사회의 건설 그리고 특히 고통의 부과를 대신하는 중재—을 살펴보아야만 할 것이다.

이러한 내용은, 심지어 대학 내에서도, 전달하기 쉬운 메시지가 아니다.

대학이라는 상대적으로 안전한 피난처에 있는 우리에게는 범죄학을 공부하는 학생들이 있다. 이 학생들은 (나중에) 노동시장에 들어갈 것이다. 그들은 그곳에서 요구되는 지식을 배워 가기를 원한다. 범죄나 범죄통제에 대한 더 깊은 이론적 지식은 우리 학생들이 지원하는 일자리를 위해 아주 중요한 것은 아니고, 그들을 채용하려는 사람들에게도 반드시 열정으로 받아들여지지는

않을 것이다. 이것이 우리, 즉 교수자들이 쓰고 말하는 것에 영향을 줄 가능성은 크다. 특히 학생들에게 읽기를 권하는 내용에 영향을 미칠 수 있다.

1950년대와 1960년대에는 교수의 수도 아주 적었고 대담한 daring 학생들이 조금 있었을 뿐이다. 우리가 무엇을 하는지에 대해 사회적·정치적 관심도 별로 없었고, 급진적인 대안에 대한 생각도 과학적 탐구의 자연스러운 부분으로 받아들여졌다. 하지만 이후 천천히 학생들의 수, 이 학생들의 일자리에 대한 요청, 그리고 이 장래 직장에서 쓸모 있을 것으로 보이는 교과 과정에 대한 수요가 증가하였다. 정부, 지방 행정기관에서 그랬고, 이제는 점점 더 많은 곳, 즉 경찰, 보호관찰소와 교도소에서도 그렇다.

범죄학은 현재 자기 자신의 성공이라는 함정에 빠졌다. 연구자들의 일자리는 학생들의 취업에 달려 있고, 이것은 우리가 전문적으로 문제를 제기하려 하는 바로 그 기관에서의 일에 대해 그들을 쓸모 있게 만드는 훈련의 형태에 달려 있다. 스탠 코언 Stan Cohen이 그의 책 《범죄학의 문제점 *Against Criminology*》*에서 한, 심한 비판은 대부분 옳은 것이었다. 하지만 아직 모든 것이

● Stan Cohen, *Against Criminology*, Transaction Books, New Brunswick, 1988.

잘못되어 버린 것은 아니다. 다행히도 대학은 변화에는 굼뜬 조직이다. 그러나 요즈음 상황은 특히 어렵다.

지금 현재 대학은 자신이 유용하고 자신이 쓴 돈 만큼의 가치가 있다는 것을 입증해야 하는 압력을 받고 있다. 그러나 좋은 대학은, 무엇보다 우선, 즉각적인 실용적 방식으로 유용해서는 안 된다. 대학은 미지의 땅에 있는 척후병scouts을 위한 기지bases의 역할을 해야 하고, 위험이 놓여 있는 앞날을 경고해야 한다. (지금까지) 범죄학의 발전 또 일반적으로 넓은 범위에서 사회과학의 발전은, 대학이 국가에—이 국가들 상태 그대로, 또 이 국가들이 특정한 순간에 자기 자신을 보는 그대로—봉사하는 임무를 강제로 혹은 자발적으로 떠안을 때 나타나는 위험을 보여주는 좋지 않은 예이다.

여기에서 중요한 것은 대학들 또한 앞의 2장에서 말한 단일한 차원의 제도적 상황에 빠져 버렸다는 점이다. 대학도 많은 부분에서 시장에서 작동하는 다른 조직들과 비슷한 요소들을 가질 수밖에 없게 되었다. 점점 더 대학은 마치 공장이나 가게와 같은 방식으로 조직된다. 학생을 모으기 위해 광고하고, 이 학생들에게 유용하다는 것이 증명되는 교육을 할 것을 약속한다. 대학 내의 여러 조직들units은 어느 정도는 거기에 지원하고 시험에 합격하는 학생들의 수에 따라 (예산을) 지급받는다.

국가가 조절하는 **범죄의 적당한 양**

좋은 학생들을 데려오기 위해서는 연구비를 확보하는 것이 중요하다. 통제산업control industry에는 사용 가능한 예산이 아주 많다. 경찰청은 도움이 필요하다. 교도소나 교도소 밖의 다른 통제조직들도 마찬가지이다. 연구비의 제공자들, 정보에의 접근, 학생들의 일자리—이들은 대체로 우리가 자유롭게 조사하고 자유롭게 비판할 수 있는 것으로 여겨지는 바로 그 기관으로부터 온다.

또한 우리는 우리가 일반적인 정치 제도로부터 제기된 문제에 대해 답을 하지 못할 경우, 다른 분야의 연구자들이 열정적으로 우리를 대신할 것이라는 사실을 안다. 필리Feeley가 지적한 대로, 미국에서 복지 범죄학welfare-criminology에서 통제 범죄학control-criminology으로 관점이 크게 변화한 것은 무엇보다도 군사 전문가나 이와 비슷한 새로운 연구자들의 입장과 제안의 결과였다.

윌슨Wilson의 생각을 채택하고 운용한 사람들은 국방연구소 Institute of Defense Analysis와 RAND*의 젊은 수재whiz kids들이었다. 그들은 범죄에 특유한 계획과 방어 가능 지역, 상황적 범죄

---

* RAND Corporation은 미국의 비영리 세계정책연구소이다. 1950년대 이래로 RAND의 연구는 베트남 전쟁, 소련과의 핵무기 경쟁, 사회 복지 프로그램의 수립, 국가 의료체계 등 미국의 많은 정책 결정에 영향을 미쳤다.

제8장 범죄의 적당한 양

예방과 같은 생각들을 체계 분석 및 비용-이익 분석과 결합하여 새로운 범죄학을 만들어 내었다. 아마도 국가적 차원에서 가장 큰 영향을 준 것은 이런 새로운 사고방식의 촉진이었을 것이다. 이것이 새로운 범죄학과 새로운 통제 문화의 지적 기원 intellectual roots이다. •

'범죄 문제'로 보이는 것에 빠져 있는 사회에서 이런 전체적인 상황은 특히 어렵다. 일반적인 사회과학 그리고 특히 일탈과 사회 통제의 연구는 큰 위험을 맞고 있다. 우리의 오래된 제도들을 보호해야 할 사람들은 시장의 힘market forces이 대학을 침범할 때 어떤 일이 생길지를—즉 대학이 잃는 것, 연구자가 잃는 것, 사회가 잃는 것—알지 못하는 것 같다. 시장적 사고market thinking 의 거대한 힘에 의해, 자유로운 생각을 보호하는 오랜 방식의 제도는 그 비판적 잠재력을 잃어버리려 한다. 우리의 독립과 학문적 자유에 대한 강조는 단지 취임식 날의 수사修辭만이 되어서는 안 된다. 독립은 우리의 비판적 능력을 보존하기 위한 조건이다.

• Malcolm Feeley, "Crime, Social Order and the Rise of Neo-Conservative Politics", *Theoretical Criminology*, Vol. 7, 2003, p. 121.

많은 사람들이 '상아탑에서 나오라'고 말한다. 그러나 우리는 나와 있다. '다시 들어가자'는 것이 나의 대답이다. 최소한 상아탑을 가지자. 우리는 그 안에 있을 수만은 없다. 일정한 거리는 전체적 관점을 갖기 위해 반드시 필요한 것이다.

우리는 밖으로 나와야만 한다. 하지만 곧 우리는 문제에 부딪힐 것이다. 아래에서 노르웨이와 같이 작은 나라에서 이런 문제들을 다루었던 경험을 소개해 보겠다.

나는 노르웨이의 형벌 제도가 너무 크다고 믿는다. 우리는 훨씬 더 적은 교도소 인구와, 더 문명적 형태의 상호작용을 강조하는 교도소를 가질 수 있었다. 우리는 현재 형벌 제도에 의해 처리되는 매우 많은 갈등을 문명적으로 해결하기 위해 중재와 회복을 이용할 수 있었다. 우리는 사회 복지를 더욱 강조하여 아주 많은 문제들을 예방할 수 있었음에도 형벌 제도가 성장하도록 허용하였다. 이것이 내 기본적 입장이며, 많은 동료들도 이에 동의한다.

그러나 물론 동시에 나는, (제도의) 대상자와 함께하는 것처럼, 형사법 제도를 운영하는 사람들과 계속해서 연락한다. 나는 수용자와 교도관, 경찰과 법관들에게 강의한다. 우리가 그들을 초대하는 것처럼 그들도 우리를 초청한다. 우리는 가끔 수용자 및 교도관과의 공동 세미나를 열기도 하고 수용자와만 하기도 한다. 현재 노르웨이에서 내가 초대받았을 때 나를 환영하지 않는 교도소는 아마도 없을 것이다. 이전에도 늘 그랬던 것은 아니다. 1970년대 초, 빌헬름 오베르트Vilhelm Aubert 교수와 나는 한 특별한 교도소에서 수용자와의 만남을 거부당한 적이 있다. 이것은 사회적인 문제가 되었고, 거부 처분은 의회에 상정되었다. 하지만 결정은 바뀌지 않았다. 지금이라면 이런 일이 일어나지 않을 것이다.

모두가 알다시피, 사회적 접촉은 양방향으로 작용한다. 우리가 가르치지만, 동시에 배우기도 한다. 우리가 영향을 주지만, 또 영향을 받기도 한다. 그리고 인간적 관계가 형성된다. 나는 수용자부터 교도소장까지 이 제도 안에서 만난 아주 많은 사람들을 좋아한다. 나는 수용자 중에서도, 또 제도를 운영하는 사람들 가운데에서도 괴물을 만나지 못했다. 반대로, 교도관으로서의 역할과 함께 수용자들의 삶을 견딜 만하게 해 주는 일을 모두 잘 해내기 위해 최선을 다하는 많은 헌신적인 사람들을 보았다. 범죄통제체제에서 일하는 사람들은 우리가 쓴 책을 읽고, 우리의 관점으로부터 무언가를 얻는다. 우리 또한 그들에게서 무언가를 얻는다. 그들은 구체적인 문제를 가지고 있을 수 있고, 우리는 그것에 답하려 노력한다. 또 그들은 연구가 필요한 일반적인 질문을 할 수도 있고, 우리는 가능한 연구 계획에 대해 대화를 나누기도 한다. 우리는 서로 가까이 다가간다. 그들은 고통을 전달하는 사람들이고, 우리는 그것이 가능하도록 돕는다.

이러한 협력이 올바른 것인가?

나는 어쩔 수 없다고 생각한다. 형벌체제는 우리의 전공 분야이다. 우리는 가까워져야 하고 만나야만 한다. 그러나 너무 가까워지면, 무언가를 보지 못하게 될 수도 있다.

———————

노르웨이에서 범죄학이 연구되기 시작한 지 얼마 안 되었을 때, 한 유명한 임상심리학자가 내게 범죄학 연구소Institute of Criminology가 도심 중앙에 있는 오슬로 대학에 자리 잡은 것을 크게 후회한다고 말한 적이 있다. 우리는 교도소 근처로 갔어야 했다. 거기에는 우리의 연구 대상인 수용자들이 있었다. 우리가 설명해야 할 그 사람들 말이다.

나에게 이 이야기는 큰 인상을 남겼다. 이것은 내게 우리가 형벌 제도 내에서 전문가가 만든 전제premises에 따라 일해야 한다는 주장에 내재해 있는 위험을 가르쳐 주었다. 나는 교도소와—

수용자나 교도소 관리자에게 도움이 될 수 있는—여러 종류의 전문가들 사이의 관계에 대해 소논문*을 쓰는 것으로 이 문제를 정리하였다. 여기에서 나는 전문가와 교도소 사이의 관계에 대한 두 가지 이상적이고 전형적인ideal-typical 모델—자기 충족self-sufficiency 모델과 영입importation 모델—을 비교하였다. 의사를 예로 들어 보자. 이들은 교도행정의 한 부분일 수도 있고, 지방정부의 일반적인 보건행정의 일부일 수도 있다. 교사의 경우도 마찬가지이다. 학교 관리자를 상급자로 하는 지방정부의 일반적인 교육 제도에 속할 수도 있고, 교도소장의 명령을 받는 교도소 체제의 일부일 수도 있다. 영입 모델은 이 모든 전문가들이 외부 세계에 속해 있고, 교도소로 초대되어 영입되는 것이다. 전문가들은 외부 세계에서의 정체성identification을 갖고 거기에서의 기준을 그대로 유지하며, 교도소 직원들의 요구가 그들의 전문적 기준에 맞지 않을 때에는 자유롭게 저항할 수 있다.

후자(즉 영입 모델)가 실제로 노르웨이의 지배적 모델이 되었다. 하지만 이제 추는 다시 되돌아가고 있다. 국가의 모든 영역에서 교육 수준은 꾸준히 상승하고 있고, 교도 관료들을 위한 학교도 마찬가지이다. 최근에 교도소학교는 대학의 지위를 요구했

• Nils Christie, "Modeller for fengselsorganisasjonen", In Rita Østensen (ed.), *I stedet for fengsel*, Pax, Oslo, 1970.

국가가 조절하는 **범죄의 적당한 양**

다. 여기에서의 교육은 고등학교 졸업 후 3년간 이루어진다. 요즘 교도관들은 더 많은 자격이 필요하다고 느끼며, 추가적인 교육을 받아 심리치료사에 가까운 임무를 맡기도 한다. 다양한 전문가들이 이 학교에서 가르치며, 부속 연구소도 설립되어 있다. 비슷한 발전은 경찰 내에서도 일어나고 있다. 경찰학교는 이미 대학의 지위를 얻었으며, 부속 연구소도 있다. 이들은 2003년 '자신들만의' 교수를 초빙하였다. 조금씩 조금씩 형사법 제도는 다시 자기 충족적이 되어 간다.

좋은 일이다. 형벌 제도에서 일하는 사람들의 자질은 향상되고 있다. 그러나 동시에 이것은 위험한 일이다. 교도관에서부터 교도소학교의 강사에 이르기까지 여기에서 일하는 사람들은 대체로 체제 내로 포섭되어 간다. 그들은 실패를 비판함에 있어 완전히 자유롭지 못하게 될 것이고—혹은 그렇게 될 유인이 없을 것이다—, 특히 그들의 기반인 이 체제의 성장에 대해 반대하지 않게 될 것이다.

특별한 위험은 이 모든 것들이 대학이 시장의 제도market institution로 전환해 가는 바로 그 시점과 동시에 일어나고 있다는 점이다. 우리가 그것을 가장 필요로 할 때, 보호막은 사라져 버린다. 이론적인 관점에서, 전체적인 상황은 일차원적 사회의 힘을 환상적으로 확인해 준다. 자유로운 비판의 여지가 보존되기를 강하게 바라는 우리의 입장에서, 이것은 매우 걱정스러운 일이다.

───────

이 모든 것은 사실이다. 하지만 이것이 진실의 모두whole truth는 아니다. 벽에는 틈이 있다. 지배적인 힘hegemony은 아직 전적인 것은 아니다. 아마도 시장은 우리를 끝까지all the way 데려갈 수는 없을 것이다. 아마 창조성creation이 돈보다 더 중요할 것이고, 새로운 세대의 대학 구성원들이 상아탑을 재건하기 위해 뭉칠런지도 모른다. 항상 저항자protesters가 있게 마련이다.

8.8 개인적인 저항

2장에서 서술한 이상한 마을의 사람들이 어떤 면에서 저항의 조그마한 핵심이라고 할 수 있다. 다른 예로는 캐나다와 미국의 메노나이트Mennonites나 아미시Amish족, 옛 동유럽에 정착한 유대인들 또는 깊은 정글에서 사는 부족들을 들 수 있다. 그들은 숨거나 반문화counter-culture를 창조함으로써 우리 시대의 지배적인 단일 문화에서 살아남았다.

국가가 조절하는 **범죄의 적당한 양**

이것은 공동체의 중요성을 보여 준다. 하지만 이러한 통찰은 쉽게 비관주의로 빠질 수 있다. 이것은 우리로 하여금 개인적 행위의 중요성을 잊어버리게 한다. 그러므로 아래에서는 오직 한 개인에 대한 믿음을 되찾을 목적으로 몇 가지 작은 이야기들을 소개한다.

오래전에 나에게 자유에 대한 교훈을 가르쳐 준 한 사람을 만났다. 그는 징역형을 선고받았는데 이를 매우 부당한 것이라 생각하고 단식을 시작했다. 그는 교도소 맨 밑에 있는 격리 수용실로 옮겨졌다. 자살을 예방하기 위해 옷이 벗겨졌고, 유혹적인 식사가 제공되었으나 허사였다. 결국 강제로 음식이 주입되었다. 하지만 그는 자신의 배설물excrement을 먹고 음식물을 토해 내었다. 의사가 더 복잡한 강제 영양 공급 방식을 생각해 내기 전에 이런 일이 있었다고 한다. 교도소장이 그에게 내려와 울면서 먹기를 간청했다. 이 사람이 내게 이렇게 말했다. "나는 이만큼 자유를 느껴본 적이 없어요. 더 이상 아무것도 나에게서 빼앗아 갈 수 없었지요."

마우리치오 로젠코프Mauricio Rosencoff는 내 지인이다. 그는 우루과이에서 왔다. 11년 동안 그는—다른 열 사람과 함께—군사 정권에 의해 완전히 격리되어 있었다. 국제적 관심으로 사형은 면하였지만, 고문과 전적인 격리는 피할 수 없었다. 그 기간 동안 그들에게는 물이 거의 제공되지 않았다. 살아남기 위해 그들은 자신의 소변을 마셔야만 했다. 인간으로서 살기 위해 그들 거의 모두는 여러 종류의 문화적 행위를 했다. 마우리치오 로젠코프는 마음으로 시를 썼다. 어느 순간 그는 연필을 얻었고 그의 시들을 작은 종이조각에 적어 밖으로 몰래 내보낼 수 있었다. 석방되었을 때, 그는 자신이 우루과이에서 유명한 시인이 되어 있었다는 사실을 알게 되었다. 그는 "그들은 우리를 개처럼 다루었어요. 하지만 우리는 짖지bark 않았지요"라고 말했다. 후에 우리는 오슬로에서 고문에 대한 세미나를 했고, 마우리치오도 참여했다. 또 거기에는 우루과이에서 고문을 했던 사람도 있었다. 세미나가 끝난 뒤 그 둘은 나가서 함께 식사했다.

야나나 바우만Janina Bauman은 여기에서 언급하는 세 번째 불굴의 인간성 수호자이다. 그녀는 독일의 폴란드 침략에서 살아남았다. 그녀는 바르샤바 수용소에서 살아남아 탈출하였고, 밖에서 숨어 지내며 또 살아남았다. 또한 그녀는 기억을 간직하고 있었다. 이 모든 일이 지나고 40년 후 그녀는 아름답고 끔찍한 책, 《겨울 아침Winter in the Morning》*을 썼고, 이 책은 그녀의 남편인 지그문트 바우만Zygmunt Bauman에게 영감을 주어 《근대성과 홀

- Janina Bauman, *Winter in the Morning*, Virago, London; Free Press, New York, 1986.

로코스트*Modernity and the Holocaust*》*를 쓰게 했다. 또 그녀는 이 주제를 더 발전시켜 1992년 가을 오슬로 연구소에서 〈존엄하게 살아남는 것To survive with dignity〉이라는 제목으로 발표하였다. 그녀는 스스로가 하나의 예이다.[6]

우리가 정당하게 전체주의 시설total institution이라고 부르는 교도소조차도 완전히 전체주의적인 것은 아니다. 발가벗겨진 수용자는 그 자신의 신체에 대한 통제를 유지함으로써 살아남았다. 마우리치오 로젠코프는 시를 씀으로써 살아남았다. 야니나 바우만은—특히 홀로코스트 이후 오랫동안—자신이 겪었던 일을 말함으로써 살아남았다.

이것이 이 책을 통해 내가 기여하기를 바라는 부분이다. 전체주의 권력은, 가장 극단적인 상황에서도, 완벽하게 작동하지 않는다. 교도소 안에서도, 수용소 안에서도, 전체주의 국가 내에서도 그렇다. 어떤 사람들은 사는 것을, 그래서 결국 존엄하게 죽기를 선택한다.

* Zygmunt Bauman, *Modernity and the Holocaust*, Polity Press, Cambridge, 1989.

주

머리말

1 Nils Christie, *Fangevoktere i konsentrasjonsleir*, Pax, Oslo, 1952/1974.
2 Nils Christie, *Tvangsarbeid og alkoholbruk*, Universitetsforlaget, Oslo. 1960.
3 Nils Christie & Kettil Bruun, *Den gode fiende*, 3rd revised edn. Universitetsforlaget, Oslo, 1985/2003.
4 Nils Christie, *Crime Control as Industry: Towards Gulags, Western Style*, 3rd edn. Routledge, London, 1993/2000.
5 언어에 대해 말하자면, 나는 이 책을 영어로 쓰지만 나의 모국어인 노르웨이어의 어조를 살리기 위해 노력할 것이다. 친절하고 참을성 있는 앤 터너(Anne Turner)는 전통적인 영어 강사가 보통 수용할 수 있는 정도를 넘어 나의 어법에 더 가까운 표현을 받아들여야만 했다. 그녀의 관대함에 감사를 표한다. 아래의 내용에서 '외국어'처럼 들리는 것은, 그녀의 잘못이 아니라, 순전히 내 언어 형식을 유지하려는 시도 때문이다. 나는 마치 영국이 자신의 언어에 대해 재산권을 잃어버린 것처럼 글을 써 왔다. Nils Christie, *Limits to Pain*, Martin Robertson, Oxford, 1981을 보라.

제1장 범죄는 존재하지 않는다

1 초기의 제안에 고집스레 반대해 준 Cecilie Høigård에 감사한다.
2 교도소 수용 인구 통계는 1814년부터 만들어졌다.
3 *Dagens Nyheter*, 1997. 3. 13, 14.
4 이것은 1980년대와 1990년대에 독일과 오스트리아의 사회학자와 범죄학자들 사이에서, 아마도 처음으로 뜨거운 논쟁의 대상이 된 주제였다. 나는 프랑크푸르트에 있었던 헤너 헤스(Henner Hess), 세바스티안 셰어러(Sebastian Scheerer), 하인츠 슈타인에르트(Heinz Steinert)와의 토론에서 많은 것을 얻었다. 로테르담에서 온 록 헐스만(Louk Hulsman)은 많은 중요한 자극을 주었다. 프라이부르크에 있는 막스 플랑크 연구소(Max Planck Institute)에서 한스-요르크 알브레흐트(Hans-Jörg Albrecht), 아프로디티 코코차키

(Afroditi Koukoutsaki), 텔레마흐 세라시스(Telemach Serassis)가 편집하여 최근 발간한 책 《범죄의 이미지(*Images of Crime*)》도 좋은 도움을 주었다. 이 책 가운데 이 주제와 특히 관련된 논문은 세라시스가 쓴 〈범죄학의 잃어버린 명예: 학문의 변천에 대한 다큐멘터리(The Lost Honour of Criminology: A Documentary of the Vicissitudes of a Discipline)〉이다.

5 이 사례는 내가 창작하였지만, 전적으로 그런 것은 아니다. 스웨덴 인류학자인 외케 다운(Åke Daun)의 책이 많은 자료를 제공해 주었다. Åke Daun, *Förortsliv: en etnologisk studie av kulturell förändring*, Prisma, Stockholm, 1974. 이 나라들에서 살았던 경험 또한 마찬가지이다.

제2장 단일한 문화

1 어렸을 때 학교에서 나는, 헌법이 제정된 1814년에 나의 친척 한 분이 유명한 사람이었다는 것을 알게 되었다. 그는 대고모가 태어나기 얼마 전에 돌아가셨다. 나는 대고모들에게 이분에 대해 말해 달라고 졸랐지만, 아무런 얘기도 듣지 못했다. (고모들에게) 그는 좋은 사람이 아니었다. 그는 결혼하지 않은 채 동거녀와 함께 살았기 때문이다. 그녀와의 사이에 아이들이 있었다는 것은 더 심각한 문제였다. 그가 당시에도 가능했던 법적 소송을 통해 아이들을 합법적으로 키웠다는 사실은 고모들의 생각을 바꾸지 못했다.

제3장 범죄의 사용 가치

1 1939년 소련과의 전쟁이 있을 때까지 핀란드의 남성 노동자들은 군사 훈련을 받지 않았다. 그들을 믿을 수 없었던 것이다.

2 이에 대해서는 주로 Inkeri Anttila & Patrik Törnudd, *Kriminologi i kriminalpokitisk perspektiv*, Norstedt, Stockholm, 1973과 Patrik Törnudd, *Fifteen Years of Decreasing Prisoners Rates in Finland*, The National Research Institute of Legal Policy, Helsinki, 1996을 참고했다.

3 노르웨이의 상황도 이보다 별로 좋지 않다. Evy Frantzen, *Metadonmakt: Møtet mellom narkotikabrukere og norsk metadonpolitikk*, Universitetsforlaget, Oslo, 2001 참조. 노르딕 국가들의 마약 정책에 대한 일반적 설명으로는 Nils Christie & Kettil Bruun, *Den gode fiende*, 3rd edn. Universitetsforlaget, Oslo, 2003 참조. 이 책은 주요 노르딕 국가들의 언어판과 독일어판(*Der nützliche Feind*, AJZ, 1991)이 있다.

4 UN 마약위원회에 대한 여전히 타당한 일반적인 서술로는 Kettil Bruun, Ingemar Rexed, & Lynn Pan, *Gentlemerís Club: International Control of Drugs and Alcohol*, The University of Chicago Press, Chicago, 1975를 참조.
5 핀란드의 인구는 500만 명이다. (현재는 약 560만 명이다.)
6 매년 30만 대 이상의 러시아 자동차가 국경을 넘어 핀란드 도로를 다닌다. Bäckman, op. cit., 2면.

제4장   해결책으로서의 구금

1 www.kcl.ac.uk/depsta/rel/icps/worldbrief/
2 이 수치들은 Ludmilla Alpern, 모스크바 교도소 개혁센터(Moscow Centre for Prison Reform)에서 얻었다.
3 카타야 프란코 아스(Kaataja Franko Aas)는 2003년에 기술(technology)과 양형 이론 및 실무 사이의 관계에 대해 매우 훌륭한 박사학위논문을 썼다.
4 연방 사법센터(Federal Judicial Centre), www.fjc.gov/pubs.html 참조.
5 한 사람이 나에게 이 모든 것에 대한 저항을 요약해 주었다. 그는 위험한 1960년대에 흑인들을 위해 법률 자문을 해 주었던 알 브론스타인(Al Bronstein)이다. 이후 그는 지금까지 북쪽 지역에서 교도소의 확대를 반대하는 운동에서 핵심적인 역할을 해 오고 있다. 또 현재 그는 런던에 있는 국제 교도소 개혁단체(Prison Reform International)에 대해서도 중요한 자문을 하고 있다.
6 1967년 안톤 체호프(Anton Chekhov)는 사할린으로 유배된 사람들의 삶을 독특하게 묘사했다. 일본에 가까운 이 섬은 1890년대에 위와 같은 방식으로 식민화되었다. 체호프는 죄수로서가 아니라 동료 국민을 위한 사회적 의식을 가진 의사로서 거기에 있었다. 내게 이 형벌 보고서를 알려 준 루트밀라 알페른(Ludmilla Alpern)에게 깊이 감사드린다.
7 이 도표와 그 밖의 숫자들은 바르샤바에서 있었던 강의와 세미나 중에 모니카 플라텍(Monika Platek), 파웰 모치트로프스키(Pawel Moczydlowski)에게서 얻었다. 또 클라우스 비트올드(Klaus Witold)와 다크마라 보츠니아코프스카(Dagmara Wozniakowska)로부터도 도움을 받았다.
8 *Guardian*, 2003. 6. 16.
9 *The Observer*, 2003. 3. 30.

국가가 조절하는 **범죄의 적당한 양**

제6장 형벌 없는 사회

1 Katrine Fangen, *Pride and Power: A Sociological Study of the Norwegian Radical Nationalist Underground Movement*, Institutt for sosiologi og samfunnsgeografi, Universitetet i Oslo, 2001과 Tore Bjørgo, *Racist and Right-Wing Violence in Scandinavia: Patterns, Perpetrators, and Responses*, Aschehoug, Oslo, 1997 참조.

2 2003년 2월에 그중 한 명에게 17년 형이 선고되었고, 다른 이에게는 18년 형이 선고되었다.

3 폐지론(*abolitionism*)이라는 용어는 노예제도, 특히 미국에서의 그것에 저항하는 투쟁에서 유래한 것이다. 이 운동에서 노예제 전체를 폐지해야 한다고 주장하는 사람들과 다양한 수단을 통해 이를 제한하자는 사람들 사이에 갈등이 있었다. 노예제에 대한 투쟁에서처럼, 형벌 폐지론 내에도 좀 더 온건한 그룹이 있다. 이들은 형벌 최소화론자들이다. 노예제의 역사에서 이것은 좋은 이름이 아니다. 하지만 매우 좋지 않은 행위(severely unwanted acts)에 대한 해답을 찾는 복잡성(complexities)을 고려하면 좋은 이름이다.

제7장 잔학 행위에 대한 해결

1 'Mind'는, 충분히 의미 있게, 단지 기억만을 뜻하는 단어이다. 예전 노르웨이어로는 minne라고 할 수 있다.

2 밀로셰비치는 나쁜 사람일 수 있다. 또 그는 이미 베오그라드(Belgrade) 법원에서 유죄 판결을 받기도 했다. 이 문제에 대해 나는 특별한 의견이 없다. 그러나 내가 이 글을 쓰는 동안 밀로셰비치가 자신이 헤이그로 송환된 방식을, 자기를 방어하는 한 방법으로 사용하는 것은 분명히 볼 수 있었다.

3 세계 형벌 개혁(Penal Reform International), 연례 보고서(Annual Report), 2000, 7면.

4 화해와 회복적 정의(restorative justice) 사이의 관계에 대한 가장 명쾌한 논의로는 Stephan Parmentier, "The South African Truth and Reconciliation Commission: Towards Restorative Justice in the Field of Human Rights", In E. Fattah & S. Parmentier (ed.), *Victim Policies and Criminal Justice on the Road to Restorative Justice: Essays in Honour of Tony Peters*, Leuven, Belgium, 2001을 보라.

5 이 점에 대해서는 Ragnhild Hennum의 주장을 참고하였다.

제8장 범죄의 적당한 양

1 3, 4의 기준에 의해 비판받을 수 있는 나라가 1, 2의 기준에 어긋난 나라들을 가장 먼저 비판하고 있다는 사실은 흥미로운 일이다.

2 Rune Slagstad, *De nasjonale strateger*, Pax, Oslo, 1999, 456면에서 인용. 나의 번역이다.

3 존 브레이스웨이트는 조정과 회복적 정의의 이론 및 실천의 발전에서 매우 중요한 사람이다. 그의 최근 작, 《회복적 정의와 반응적 규제(*Restorative Justice and Responsive Regulation*)》(2002)는 지금까지 나온 그의 작품 중 가장 완벽한 것이다. 또 브레이스웨이트를 읽는 특별한 즐거움은 내용과 형식이 조화를 이룬다는 점에 있다. 그는 화해에 대해 서술하는데, 심지어 논쟁을 할 때에도 매우 평화로운 형식을 사용한다.

4 국제 형벌 개혁위원회는 런던에 본부가 있지만, 모스크바에도 사무실이 있다.

5 몇몇 사람과 조직의 이름을 언급하고 싶기는 하지만, 나는 그렇게 하지 않을 것이다. 그러한 명예로운 명단에 오를 만한 사람은 아주 많은데, 나는 그들 모두를 알지는 못하기 때문이다. 따라서 누구도 언급하지 않으면, 아무도 잊혀지지 않을 것이다(no one mentioned, no one forgotten).

6 제2차 세계 대전 중에 폴란드에 있었던 두 주요 수용소를 비교 분석함으로써 ― 하나는 바르샤바(Warsaw)에 다른 하나는 로즈(Lodz)에 있었다 ― 그녀는 극단적인 상황에서 인간의 존엄을 보호할 가능성을 높이는 사회구조적인 요인을 지적할 수 있었다. 이 분석에서 그녀의 주된 주제는 가치보다 효용을 우위에 두는 사회체제는 삶과 존엄성 모두를 파괴할 큰 위험을 갖는다는 것이었다.